Stefano de Fiores
Auf einer Wellenlänge mit Maria

Stefano de Fiores

Auf einer Wellenlänge mit Maria

Betrachtungen über
das geistliche Leben mit Maria
nach dem heiligen
Ludwig-Maria Grignion von Montfort

Verlag Butzon & Bercker Kevelaer

Mitglied der »verlagsgruppe engagement«

Originaltitel der italienischen Ausgabe:
„Sulla lunghezza d'onda di Maria",
© 1983 Edizioni Montfortane, Rom.
Übersetzt und für die deutsche Ausgabe bearbeitet
von Hermann Josef Jünemann s. m. m.

CIP-Titelaufnahme der Deutschen Bibliothek

Fiores, Stefano de:
Auf einer Wellenlänge mit Maria : Betrachtungen über d. geistl.
Leben mit Maria nach d. Heiligen Ludwig-Maria Grignion von
Montfort / Stefano de Fiores. [Übers. u. für d. dt. Ausg. bearb.
von Hermann Josef Jünemann]. – Kevelaer : Butzon u. Bercker,
1988
   Einheitssacht.: Sulla lunghezza d'onda di Maria <dt.>
   ISBN 3-7666-9587-8
NE: Jünemann, Hermann Josef [Bearb.]

ISBN 3-7666-9587-8

Für die deutschsprachige Ausgabe:
© 1988 Verlag Butzon & Bercker D-4178 Kevelaer 1.
Alle Rechte vorbehalten.
Umschlaggestaltung: Duo-Design.
Herstellung: Bercker Graphischer Betrieb GmbH, Kevelaer.

Inhalt

Einführung	7
Ein Missionar nach Art der Apostel	11
Ein Leben mit Maria	32
Eine Frau in der Heilsgeschichte	41
Die wahre und richtige Haltung gegenüber Maria	49
Unser Bund mit Gott	55
Jesus Christus – Mittelpunkt des geistlichen Lebens	62
Mit Maria am Taufbrunnen	67
Die Treue zum Taufgelübde	73
Die Ganzhingabe an die verherrlichte Jungfrau Maria	79
Ein vollkommener Weg zur Begegnung mit Christus	85
Die Weihe des Gottesvolkes	92
Ein Ja aus Liebe zu Gott	98
Das Leben im Geist	103
Gelebtes Evangelium nach dem Beispiel Marias	108
In der Liebe zu Maria	112
Maria ehren	118
Mit Maria im Dienst für den Herrn und die Mitmenschen	123
Im Zeichen des Vertrauens	131
Begegnung mit Maria in der Tiefe der Person	136
Der Rosenkranz	141
Die Vorbereitung auf die Weihe	146
Das Magnifikat unserer Zeit	151

Maria – eine Gabe Jesu	156
Maria und die Liturgie der Kirche	162
Maria und die Feier der Eucharistie	168
Der süße und anspruchsvolle Weg Marias	174
Mit Maria in Christus bleiben	179
Zusammen mit Maria auf dem Weg zum dreifaltigen Gott	183
Ich schenke dir mein Herz	190

Abkürzungen:

MC = Apostolisches Schreiben Papst Pauls VI. „Marialis cultus" über „Die rechte Pflege und Entfaltung der Marienverehrung" vom 2. 2. 1974

LG = Dogmatische Konstitution über die Kirche „Lumen Gentium" des II. Vatikanischen Konzils

Die häufig zitierten Schriften Montforts:

LEW = Die Liebe zur ewigen Weisheit
WMV = Abhandlung über die wahre Marienverehrung
GM = Das Geheimnis Marias
GR = Das Geheimnis des heiligen Rosenkranzes

Die Schriften Montforts finden sich in:
Louis-Marie Grignion de Montfort, Oeuvres complètes, Paris 1966. – Für die deutsche Ausgabe der „Abhandlung über die wahre Marienverehrung" sei verwiesen auf „Das goldene Buch", Kanisius Verlag, Freiburg/Schweiz.

Einführung

„Die moderne Welt braucht Glaubenszeugen", hat Papst Johannes Paul II. bei seinem Besuch in Lisieux betont. Die Welt braucht Glaubenszeugen, weil sie Gott braucht. Immer wieder gerät ja der Mensch in die Gefahr, sein Leben so einzurichten und zu gestalten, als gäbe es Gott nicht. Vieles deutet darauf hin, daß moralische Appelle und der Ruf nach größerer Strenge die Menschen weder vor dieser Gefahr bewahren noch sie zu anderem Verhalten bewegen können, wenn sie der Gefahr erlegen sind. Die Menschen brauchen deshalb immer wieder Zeugen, die ihnen aufgrund ihrer persönlichen Glaubens- und Lebenserfahrung bezeugen, daß es sich ohne Gott nicht sinnvoll leben läßt. Allen voran tun dies die Heiligen, denen die Kirche diesen Titel nicht nur deshalb zuerkennt, weil ihnen christliches Leben vorbildlich gelungen ist, sondern vor allem weil sie eine tiefe, persönliche Gottesbeziehung bezeugen. Es ist ihr Glaubenswissen, das die Heiligen so kostbar macht. Es mangelt nicht an großen Namen: Benedikt, Franz von Assisi, Hildegard von Bingen, Elisabeth von Thüringen, Theresia von Lisieux, Maximilian Kolbe, um nur einige zu nennen.

Zu ihnen gehört auch der heilige Ludwig-Maria Grignion von Montfort (1673–1716). Kaum ein anderer hat so viel zur Verbreitung und Vertiefung der Marienverehrung beigetragen wie er. Aber Grignion von Montfort hat nicht nur die Größe Marias gepriesen und zu ihrer Verehrung aufgerufen, er ist in erster Linie Missionar: Er hat die großen Wahrheiten unseres Glaubens gepredigt, hat die Gerechtigkeit Gottes und seine Barmherzigkeit verkündet und unzählige Menschen auf den Weg zu Christus geführt. Christus, den Grignion mit der „ewigen, menschgewordenen Weisheit" identifiziert, ist der Zielpunkt seines Wirkens und Mühens; daß er so viele Menschen zur Begegnung mit Christus führen konnte, ist seiner Überzeugungskraft zuzusprechen, die letztlich ihren Grund in seiner persönlichen Gotteserfahrung hat. Es ist das tiefe innere und erprobte Wissen um Gott, das sein Denken, Sprechen und Handeln so durchdringt, daß er die Herzen der Menschen zu bewegen vermag.

Maria, die Gottesmutter, spielt in der Frömmigkeit Grignions eine besondere Rolle. Das hat seinen Ursprung sicher in seiner persönlichen Glaubensgeschichte, die ohne Maria nicht denkbar ist. Und wenn er seine Art der Marienverehrung die „wahre" nennt, dann beinhaltet diese Kennzeichnung auch und gerade seine persönliche Erfahrung: Die „wahre", echte, am Evangelium ausgerichtete Marienverehrung führt immer zu Christus hin und bleibt nicht bei Maria stehen – im Gegensatz zur „falschen", die entweder Maria so überhöht, daß der Vorrang Christi mißachtet wird, oder aber sie so nivelliert, daß die Gottheit Christi in Gefahr gerät.

Grignion von Montfort ist heute bekannt zum einen durch die von ihm gegründeten Kongregationen – die „Missionare der Gesellschaft Marias" (Montfortaner) und die „Töchter der Weisheit", zum anderen durch die zahlreichen kirchlichen Gruppen, die sich mehr oder weniger offen auf ihn berufen, so zum Beispiel die Legio Mariens, die Foyers de Charité, die Focolari und manche andere. Vor allem aber ist er bekannt als Verfasser der „Abhandlung über die wahre Marienverehrung", die 1843, mehr als 100 Jahre nach seinem Tod, zum ersten Mal veröffentlicht wurde und seitdem – in 25 Sprachen übersetzt – in mehr als 400 Auflagen weltweit verbreitet ist. Die „Weihe an Jesus Christus durch Maria", deren Wesen, Motive und Wirkungen Grignion in seiner Abhandlung beschreibt, hat sich seitdem als die am meisten strukturierte und am weitesten verbreitete Form der Marienverehrung behaupten können.

Grignion von Montfort ist ein Heiliger des ausgehenden 17. und beginnenden 18. Jahrhunderts. Auch wenn er nur aus einem kleinen Ort im Nordwesten Frankreichs stammt, so spiegelt seine „barocke" Sprache doch ganz die Zeit des pompösen Königtums Ludwigs XIV. wieder. Es ist eine Kultur und ein soziales Umfeld, die uns heute fremd sind und die den Zugang zu den Schriften Montforts ebenso erschweren wie die Formulierung der Glaubenswahrheiten in den theologischen Gedankenmustern einer Zeit, die nicht die unsere ist. Aber Grignion will keine theologische Lehre begründen und weitergeben, er ist zuerst Missionar, und seine Schriften sind aus seiner missionarischen Predigt entstanden, einer Predigt, die Gottes Heilsplan mit den Menschen verkünden und die Menschen für den bewußten Eintritt in den göttlichen Heilsplan gewinnen will. Sie sind zugleich Zeugnis seiner Glaubenserfahrung mit Gott, mit Christus und mit der Gottesmutter Maria. Sie sind ein Glaubenszeugnis, das seinen Wert und seine Bedeutung für das christliche Leben nicht verloren hat.

Die folgenden Kapitel möchten zunächst mit der Person und der Lebensgeschichte Montforts vertraut machen und dann sein Anliegen aufgreifen und für heute verdeutlichen: den Heilsplan Gottes, der in der ewigen und menschgewordenen Weisheit Jesus Christus gipfelt, zu verkünden und dazu einzuladen, daß wir uns – wie die Gottesmutter Maria – mit unserem Leben für Gott und seinen Heilsplan zur Verfügung stellen. Die einzelnen Kapitel verstehen sich als Betrachtungen und orientieren sich an den Themen, die Montfort in seiner „Abhandlung über die wahre Marienverehrung" aufgreift. Sie werden jeweils mit einem längeren Zitat aus den Schriften des Heiligen abgeschlossen.

Ein Missionar nach Art der Apostel

Ludwig Grignion wurde am 31. Januar 1673 in Montfort-sur-Meu, einem kleinen Städtchen in der Bretagne, unweit von Rennes, geboren. Frankreich erlebte zu dieser Zeit einen wirtschaftlichen Aufschwung, der aber nicht lange anhielt; mit dem Sieg über die Niederlande erreichte Ludwig XIV. den Höhepunkt seiner Macht; der Glanz des Sonnenkönigs spiegelt sich im pompösen Bau des Schlosses von Versailles, aber das aufwendige Leben und vor allem die zahlreichen Kriege wurden zu einer schweren Belastung für die Bevölkerung.
In Montfort war die Familie Grignion zu einigem Ansehen gelangt; der Großvater Ludwigs – von seines Vaters Seite – hatte die Stadt 1659 in der Ständeversammlung der Bretagne vertreten, und sein Vater Jean-Baptiste Grignion durfte sich als Rechtsanwalt zur besseren Gesellschaft von Montfort rechnen, bis er nach beruflichen und politischen Mißerfolgen das Städtchen verließ. Sein aufbrausendes, jähzorniges Temperament und sein Eigensinn, Charakterzüge, die er seinem Ältesten vererbte – Ludwig war das älteste von achtzehn Kindern, von denen nur zehn das frühe Kindesalter überlebten –, standen seinem Ehrgeiz im Wege und machten das Familienleben nicht immer einfach. Ludwig hatte eine eher kühle, distanzierte Beziehung zu seinem Vater, dessen Ausbrüche und Launen er fürchtete.

Kindheit und Jugend

Über die Kindheit Ludwigs gibt es nur spärliche Informationen. Am Tag nach seiner Geburt in der Pfarrkirche von Montfort getauft – ob er seinen zweiten Vornamen Maria nach seiner Taufpatin erhielt oder bei seiner Firmung selbst wählte, ist nicht mehr festzustellen –, wurde er, wie in der besseren Gesellschaft damals üblich, schon bald in die Obhut einer Amme gegeben. 1675 siedelte die Familie auf das Landgut Bois Marquer bei Iffendic über; nach dem Zeugnis seines Onkels Alain, Vikar an St. Sauveur in Rennes, muß Ludwig-Maria ein eher ernster Junge gewesen sein, der schon früh eine tiefe Frömmigkeit erkennen ließ und sich gerne von seinen Geschwistern und Spielkameraden absonderte, um allein zu sein und zu beten. Als Ältester mußte er sich um seine Geschwister kümmern; oft suchte er seine Mutter zu trösten, die unter den beruflichen Mißerfolgen und dem heftigen Temperament ihres Mannes litt.

In der Schule zeigte sich Ludwig-Maria als braver und intelligenter Junge, so daß seine Eltern beschlossen, ihn auf das Jesuitenkolleg St. Thomas nach Rennes zu schicken. Im Oktober 1684 begann er die klassische humanistische Ausbildung und wohnte zunächst zwei Jahre bei seinem Onkel, bis die ganze Familie 1686 nach Rennes übersiedelte. Die Studien machten dem intelligenten Jungen keine Schwierigkeiten, er zählte immer zu den besten seines Jahrganges; zugleich verriet er eine große Begabung für die Malerei und die Bildhauerei. Aber ganz anders sah es aus im Umgang mit seinen Kameraden. Ludwig-Maria fand kaum Kontakt zu seinen Mitschülern. Es sind nur zwei, mit denen ihn freundschaftliche Beziehungen verbinden: Jean-Baptiste Blain, dem wir die erste Biographie verdanken, und Claude Poullart-des-Places, der später die Kongregation vom Heiligen Geist gründete. J. B. Blain spricht in seinen Erinnerungen von der großen Ernsthaftigkeit Lud-

wig-Marias, von einer gewissen Naivität, seiner Zurückgezogenheit, ja Abkapselung von den andern und bewundert seinen tiefen Sinn für das Gebet und seine Liebe zur Muttergottes. Mehrmals am Tag kniete Ludwig-Maria vor dem Marienheiligtum Notre-Dame des Miracles in seiner Pfarrkirche St. Sauveur, um alle seine Anliegen vor Maria zu tragen. „Wenn er vor einem Marienbild kniete, schien er niemand sonst mehr zu kennen", bemerkt Blain.
1686 wurde in Rennes Julien Bellier, der auf die Entwicklung des jungen Ludwig-Maria einen großen Einfluß haben sollte, zum Priester geweiht. Dieser junge Priester begnügte sich nicht mit seinem Dienst an der Kathedrale, sondern suchte nach neuen Seelsorgemöglichkeiten: Missionspredigten, Armenhilfe, Formung zukünftiger Priester. Als er damit begann, Schüler des Kollegs, die sich zum Priestertum hingezogen fühlten, um sich zu sammeln, war Ludwig-Maria einer der ersten und eifrigsten, die mitmachten. Bellier kümmerte sich nicht nur um die geistliche Formung der jungen Menschen, er übertrug ihnen auch praktische Aufgaben. Jede Woche schickte er sie einmal in das Armenasyl oder das Heim für die unheilbar Kranken, wo sie kleine Dienste leisten, aus den Lebensbeschreibungen der Heiligen lesen oder den Katechismus durchsprechen sollten. Diese praktischen Aufgaben fanden die besondere Liebe Ludwig-Marias, der, wie Blain anmerkt, „geboren war mit einer Neigung für die Aufgaben des apostolischen Lebens". Er begnügte sich nicht mit den wöchentlichen Besuchen im Hospiz; schon bald nutzte er seine Freizeit, um die Kranken in ihren Häusern aufzusuchen, wie sein Onkel Alain berichtet. Bellier hat so nicht nur in Ludwig-Maria das Interesse am apostolischen Dienst und am missionarischen Einsatz, sondern auch seine Vorliebe für die Armen geweckt, eine Vorliebe, die er nie aufgegeben hat.
In diesen Jahren ist in Ludwig-Maria der Wunsch, Priester zu werden, immer stärker geworden. Sein Vater gab schließlich sein Einverständnis, obwohl er sich von seinem

Ältesten anderes versprochen hatte. Aber er hoffte darauf, daß der Sohn eine kirchliche Karriere einschlagen und so den Namen der Grignions zu Ansehen bringen würde. Aber es wurde nur zu bald deutlich, daß Ludwig-Maria ganz andere Vorstellungen hatte. 1692 begann er bei den Jesuiten in Rennes mit dem Studium der Theologie. Im gleichen Jahr noch ermöglichte ihm eine mit der Familie bekannte Pariser Dame den Eintritt in das berühmte Pariser Priesterseminar von Saint-Sulpice, indem sie sich bereiterklärte, das Kostgeld für ihn zu zahlen.

Arm mit den Armen

Um Allerheiligen 1692 machte sich Ludwig-Maria auf den Weg nach Paris. Das Pferd, das ihm sein Vater anbot, lehnte er ab; einen neuen Anzug und ein wenig Reisegeld nahm er an. Aber nachdem sein Onkel Alain und sein Bruder Joseph, die ihn ein Stück des Wegs begleiteten, sich von ihm verabschiedet hatten, gab er dem erstbesten Armen sein ganzes Reisegeld und tauschte seinen neuen Anzug gegen die abgerissene Kleidung eines Bettlers. Ohne einen Pfennig Geld in der Tasche und gekleidet wie ein Bettler, machte er sich auf den zehntägigen Fußmarsch nach Paris. Mit dieser Geste begann Ludwig-Maria nicht einfach nur, was er sein Leben lang bleiben wollte und sollte: ein armer und ganz und gar von der Vorsehung Gottes abhängiger Mensch – und der Zwanzigjährige tat es mit der ihm eigenen Neigung zur Radikalität und einer Vorliebe für spektakuläre, manchmal übertrieben scheinende Gesten; der Kleidertausch mit einem Bettler war das äußerlich sichtbare Zeichen für den endgültigen Bruch mit der Welt seines Vaters, einer Welt, die man bürgerlich nennen könnte und in der das Streben nach Ansehen, Erfolg und Wohlstand oben an steht; der endgültige Bruch zugleich mit all den Vorstellungen, die der Vater sich von seinem Sohn und seiner Karriere gemacht hatte.

Ludwig-Maria ging von jetzt an seinen eigenen Weg, und das war der Weg eines Armen. Ihn bewegte nicht nur Mitgefühl mit den Armen, er solidarisierte sich nicht nur mit ihnen, er identifizierte sich mit ihnen so sehr, daß einige Jahre später die Armen im Spital von Poitiers eine Sammlung unter sich veranstalteten, um dem armen Priester zu einer neuen Soutane zu verhelfen.

Das Evangelium wörtlich nehmen und sich selbst freiwillig zu einem Armen machen und auf Karrieremöglichkeiten und wirtschaftliche Sicherheit verzichten, mußte damals wie heute als Provokation, ja als Skandal empfunden werden. Mit dieser Entscheidung brachte sich Ludwig-Maria bewußt in eine Außenseiterrolle, denn der Klerus wollte zwar uneigennützig leben, beschränkte sich aber im allgemeinen darauf, den Armen Almosen zu geben. Hier liegt aber auch der Grund dafür, daß Ludwig-Maria den Armen – und das war damals die Masse der Bevölkerung – so nahe werden konnte. Er verstand sie von innen heraus, denn er lebte das gleiche Leben wie sie. „Sie, die Armen", schreibt er am 4. Mai 1701 in einem Brief an seinen geistlichen Leiter Leschassier, „erklärten öffentlich, ich sei ihr Priester." Schon bald nannten sie ihn den „guten Pater von Montfort".

Die Entwicklung und Gestaltung seines Studentenlebens in Paris belegt, daß diese Geste von 1692 nicht einfach übertriebener Ausdruck einer vorübergehenden Laune war. Schon ein Jahr später konnte seine Wohltäterin wegen der wirtschaftlichen Not in ganz Frankreich, die auch die Hauptstadt nicht verschonte, das Kostgeld nicht mehr aufbringen. Da es auch seiner Familie nicht möglich war, ihn zu unterstützen, mußte er, auch wenn er schon im Hause für die ärmsten Studenten wohnte, seinen Unterhalt auf andere Weise zusammenbringen. Der Entschluß, wirklich als Armer zu leben, mußte sich in seiner ganzen Tragweite bewähren: Ludwig-Maria bettelte sich einen Teil des Kostgeldes zusammen, den anderen verdiente er sich durch nächtliche Totenwachen; drei- bis viermal wöchentlich durchwachte er die Nacht bei gerade Verstorbenen. Sein Freund Blain berichtet, daß diese Totenwachen einen tiefen Eindruck in Ludwig-Maria hinterlassen haben. Sie ließen ihm die Vergänglichkeit, aber auch die Verlassenheit des Menschen bewußt werden und immer tiefer erkennen, daß der Mensch allein und aus eigener Kraft nicht in der Lage ist, sein Heil zu schaffen.

Die häufigen Totenwachen, die Ludwig-Maria sich einteilte in vier Stunden Gebet auf den Knien, zwei Stunden geistliche Lesung, zwei Stunden Schlaf – die dann noch verbleibende Zeit nutzte er für das Studium –, das kaum genießbare Essen, das zumeist aus halbverdorbenen Resten und Abfällen bestand, das Fasten, das er sich zudem noch auferlegte, brachten ihn nach kurzer Zeit an den Rand seiner Kräfte. Todkrank wurde er ins Krankenhaus gebracht, und die damals übliche Behandlung, der Aderlaß, machte ihn noch kränker. Aber entgegen allen Prognosen überlebte er. Blain schreibt, daß er in all diesen Schwierigkeiten seine Gelassenheit und seinen inneren Frieden nicht verloren habe. Er hat sein armseliges Leben nicht passiv über sich ergehen lassen, sondern aktiv angenommen und freiwillig bejaht, weil er der Überzeugung war, daß der Weg zur Begegnung mit Christus, die er sich mehr als alles andere wünschte, nur über eine ernsthafte Askese führen könne. Vor allem aber – und das ist ein durchgehender Zug in seinen Briefen und Schriften – ist seine bewußt gewählte Armut Ausdruck seines Vertrauens in Gott, seiner Hingabe an die Vorsehung und seines Verlangens, Christus ähnlich zu werden.

Aus diesem Grund lehnte er für sich selbst jedes Amt ab, das mit einem festen Einkommen verbunden war, denn es würde die Hingabe an die Vorsehung zerstören. Die freiwillige Armut war für Ludwig-Maria aber auch eine Vorbedingung für die innere Freiheit, die der Missionar braucht, um das Evangelium verkünden zu können. Es ist eine Armut, die nicht nur darin besteht, leere Taschen zu haben, sondern vor allem ein leeres Herz, das bereit ist, sich von Gott und mit Gott füllen zu lassen.

Ludwig-Maria hat sich Zeit seines Lebens besonders den Armen verbunden gefühlt, denn sie sind nach seinem Verständnis vom Evangelium die bevorzugten Erben des Gottesreiches. Für sie ist das Evangelium von der Erlösung bestimmt, ihnen gilt die besondere Zuneigung Gottes. Denn sie sind dem Erlöser ähnlich, der arm war wie sie. Schon während der Kollegzeit in Rennes hatte Ludwig-Maria erkannt, daß jeder Arme ein lebendiges Abbild Christi, ja Jesus Christus selbst ist, den man entweder aufnimmt oder abweist. Diese Einsicht vertiefte sich durch Studium und Betrachtung zu einer mystischen Erfahrung, die ihn sagen ließ: „Jeder Arme ist ein Geheimnis, das man zu entschlüsseln wissen muß." Während einer seiner ersten Missionen in Dinan gab er dafür auf seine eigene Weise ein Beispiel. Als ihn eines Abends auf dem Rückweg zur Unterkunft des Missionsteams ein Leprakranker um ein Almosen bat, lud er ihn sich kurzerhand auf die Schulter, und vor der schon verschlossenen Tür angekommen, klopfte er heftig und rief: „Macht auf für Jesus Christus."

Im Seminar von Saint-Sulpice

Aber bis zu diesem Abend in Dinan sollte noch einige Zeit vergehen. Nach seiner schweren Krankheit wurde Ludwig-Maria 1695 in das „Kleine Seminar" von Saint-Sulpice aufgenommen. Drei Jahre lang hatte er die theologischen Vorlesungen an der Sorbonne, der Pariser Universität, gehört; jetzt studierte er auf eigene Faust, und sein Notizheft belegt, daß er sich intensiv der Lektüre geistlicher Schriftsteller widmete. Sein Freund Blain bestätigt, daß er seine Mitstudenten in den theologischen Diskussionen im Seminar durch ein fundiertes Wissen verblüffte und sich in den

Schriften der Kirchenväter ebenso auskannte wie in den Theologen der französischen Schule. War für das theologische Studium die Universität zuständig, so erhielten die Studenten im Seminar ihre geistliche Formung. Das Priesterseminar von Saint-Sulpice war 1642 von J.J. Olier gegründet worden, zu der Zeit, als die vom Konzil von Trient geforderte Reform in der Kirche Frankreichs ihre größten Früchte trug. Olier hatte das Ziel vor Augen, Priester heranzubilden mit einer echten apostolischen Einstellung, die vor allem ganz und gar aus dem Mysterium Christi lebten. Es war ihm gelungen, ein Seminar aufzubauen, wo die Spiritualität der französischen Schule aufs beste vermittelt und gelebt wurde.

Beim Eintritt Ludwig-Marias hatte das berühmte Seminar allerdings seine beste Zeit schon hinter sich. Was die Kirche Frankreichs im allgemeinen am Ende des 17. Jahrhunderts charakterisiert, gilt auch für St. Sulpice: Der Eifer der Reform erlahmte, man gab sich mit dem Erreichten zufrieden und richtete alle Anstrengungen hauptsächlich darauf, es zu bewahren. Die Folge war eine Verkrustung, eine Erstarrung des kirchlichen Lebens, das zwar noch gut funktionierte, dem aber Schwung und Begeisterung fehlten. Auch in St. Sulpice drohte das innere Leben formelhaft zu werden und in einem minutiösen Reglement zu ersticken, das auch die unbedeutendste Kleinigkeit zu regeln versuchte.

Die fünf Jahre, die Ludwig-Maria im Kleinen Seminar verbrachte, waren keine einfachen Jahre. Das reglementierte Leben ließ seiner starken Neigung zum Apostolat keinen Raum. Das Leben in der Gemeinschaft war für ihn oft eine Qual, denn es fiel ihm schwer, sich einzufügen. Hatte er schon als Kind eine Neigung zum Eigenbrötlerischen gezeigt, so hatte sich das in den Jahren in Rennes erst recht ausgeprägt; am liebsten blieb er für sich allein und füllte seine Zeit mit Gebet, Betrachtung und Studium. Das ließ ihn zwangsläufig als Sonderling erscheinen, dessen Um-

gangsformen nicht eben dazu einluden, eine nähere Beziehung mit ihm zu suchen. Die Radikalität, mit der er seinen geistlichen Weg verfolgte – sein Freund Blain schreibt in seinen Erinnerungen, daß Ludwig-Maria mit Riesenschritten voranging, so daß ihm niemand zu folgen vermochte –, machten seinen Abstand zu den Mitstudenten noch größer. Und sein bisweilen aufbrausendes, heftiges Temperament, verbunden mit seinem scharfen Verstand, machte ihn nicht sympathischer. Immer wieder hatte er das Gespött und Gelächter seiner Mitstudenten zu ertragen und war ihren nicht immer unberechtigten Vorwürfen ausgesetzt. Auch den Oberen blieben seine Schwierigkeiten nicht verborgen; sie versuchten, ihn aus seiner Isolation herauszuholen, indem sie ihm Aufgaben übertrugen, den Sakristeidienst und die Verwaltung der Bibliothek und – was seinen Neigungen entgegenkam – den Katechismusunterricht der Kinder. In diesen Stunden mit den Kindern und Jugendlichen konnte man dann einen anderen, wie verwandelt wirkenden Ludwig-Maria erleben. Hier zeigte sich seine große missionarische Begabung, mit der er die Kinder – und nicht nur sie – in seinen Bann zu ziehen vermochte. Bewunderten seine Mitstudenten und seine Oberen diese Fähigkeit, so erschreckte sie sein Wagemut, mit der er sich mehr als einmal in schwierige Situationen brachte.
Aber diese Begabung für das Apostolat wurde keineswegs gefördert. Denn in Saint-Sulpice betonte man zur Zeit Ludwig-Marias mehr das Ideal eines zurückgezogenen Lebens in der Gemeinschaft und betrachtete den missionarischen Einsatz und die apostolische Tätigkeit als zweitrangig, ja sogar als gefährlich für das geistliche Leben. Die geistlichen Leiter unterwarfen Ludwig-Maria den härtesten Prüfungen und Demütigungen, um seinen Gehorsam und seine innere Einstellung zu testen. Auch wenn dahinter die Absicht steckte, wie damals in der geistlichen Führung üblich, jeden menschlichen Eigenwillen zu brechen, um

den Menschen ganz verfügbar für den Willen Gottes zu machen, so ging diese Behandlung doch auf Kosten der Selbstentfaltung und der Entwicklung der Persönlichkeit. Sie mußte Ludwig-Marias Absonderlichkeiten noch verstärken, weil sie ihm jede Möglichkeit nahm, er selbst zu sein, und ihm jegliches Selbstvertrauen raubte. Es dauerte geraume Zeit, bis er nach seiner Priesterweihe fähig wurde, Entscheidungen zu treffen, ohne für jede Kleinigkeit seinen geistlichen Leiter zuerst brieflich um seine Meinung und seine Erlaubnis zu bitten, ein Verhalten, das sich nur unbefriedigend mit der Tugend des Gehorsams erklären läßt.

Am Ende seiner Studienzeit ist das Leben des nun 27jährigen von nicht geringen Spannungen gekennzeichnet. Sein unkontrolliertes, aufbrausendes Temperament und seine wenig anziehenden Umgangsformen machen ihm immer wieder zu schaffen. De Bastieres, ein Priester, der viele Jahre mit ihm zusammenarbeitete, berichtet davon, daß Ludwig-Maria sein ganzes Leben hart an sich arbeitete, um diese Schwächen in den Griff zu bekommen, ohne daß es ihm ganz gelungen wäre. Seine Kompromißlosigkeit, sein Wagemut und seine Vorliebe für manchmal spektakuläre Aktionen ließen manch einen zurückschrecken. Seine große missionarische Begabung, die er bei einigen Gelegenheiten unter Beweis gestellt hatte, verband sich mit einer tiefen Liebe zum Gebet und zum Alleinsein mit Gott, Quelle seiner mystischen Erfahrungen. Zugleich verspürte er darin die ganze Spannung zwischen Aktion und Kontemplation, für die er eine Lösung finden mußte. Diese Spannung wurde noch verschärft durch den Gegensatz zwischen seiner Begabung und dem Ideal eines zurückgezogenen Lebens, wie es ihm in St. Sulpice nahe gebracht wurde.

Auf der Suche nach der persönlichen Berufung

Es ist deshalb nicht verwunderlich, daß Ludwig-Maria am Ende seiner Studienzeit über seine persönliche Berufung wenig Klarheit hatte. Am 5. Juni 1700 wurde er in Paris zum Priester geweiht, eher auf Drängen seiner geistlichen Leiter als aus eigenem Entschluß, denn er selbst fühlte sich noch allzu unsicher, nicht in der Entscheidung für das Priestertum, wohl aber in der Frage, wie er sein Priestersein leben sollte. Er stellte sich vor, in der gerade begonnenen Mission in Kanada zu arbeiten und dort den Traum von einer neuen Kirche zu verwirklichen, aber seine Oberen in Saint-Sulpice gaben dazu keine Erlaubnis. Sie fürchteten, daß er dort noch mehr zum Sonderling werden und sich in den weiten Wäldern verlieren würde. Sollte man ihn also in Saint-Sulpice behalten? Zwar schätzte man seinen Eifer und seine Begabung, aber seine Originalität und seine Impulsivität ließen ihn doch für das geregelte Leben in Saint-Sulpice wenig geeignet erscheinen.
Schließlich fand sich ein Mittelweg. Man schickte Ludwig-Maria nach Nantes in die Priestergemeinschaft von Saint-Clement, die sich unter der Leitung eines erfahrenen, aber inzwischen alt gewordenen sulpicianischen Priesters der Mission widmen sollte. Ludwig-Maria fand hier alles, nur nicht, was er suchte. In einem Brief an seinen geistlichen Leiter Leschassier in Paris berichtete er nach wenigen Wochen von seiner Enttäuschung über die Verbürgerlichung in dieser Priestergemeinschaft, wo jeder seines eigenen Weges ging, und über die geringe Möglichkeit, missionarisch tätig zu sein. Seine Schlußfolgerung: „Seitdem ich hier bin, fühle ich mich von zwei anscheinend entgegengesetzten Gefühlen hin- und hergerissen. Einerseits empfinde ich eine verborgene Liebe zu Exerzitien und zum Leben in Zurückgezogenheit, um meine verderbte Natur zu bekämpfen und zu läutern. Andererseits fühle ich ein großes Ver-

langen, die Menschen zur Liebe zu unserem Herrn und seiner heiligen Mutter zu führen, aufs Land zu gehen und einfach den Armen Katechismusunterricht zu geben und die Sünder zur Verehrung der heiligen Jungfrau zu bewegen" (aus einem Brief vom 6. 12. 1700). In diesen Zeilen zeigt sich nicht nur, daß er es in Saint-Clement nicht lange aushalten würde, sondern auch die Frage nach der Verwirklichung seiner persönlichen Berufung.

Eine Antwort, die seinem Leben eine neue Wendung geben sollte, kam von unerwarteter Seite. Madame de Montespan, die inzwischen in Ungnade gefallene Maitresse Ludwigs XIV., die mit der Familie Grignion befreundet war, bot dem jungen Priester eine Pfarrstelle an, die ihm einen ausreichenden Lebensunterhalt gesichert hätte. Aber Ludwig-Maria lehnte ab; er wolle, sagte er, die göttliche Vorsehung nicht gegen eine Pfarrstelle eintauschen. Statt dessen sprach er von seiner Idee, den Armen das Evangelium zu verkünden. Madame de Montespan riet ihm, sich an den Bischof von Poitiers zu wenden, bei dem sie sich für ihn verwenden wollte. So wurde Ludwig-Maria im November 1701 zum Kaplan am „Hôpital Général" von Poitiers ernannt. „Hôpital Général", das war damals eine Art Ghetto am Rand der Städte, in dem alle Bettler, Clochards, Diebe, Prostituierte, körperlich und geistig Behinderte und unheilbar Kranke zusammengepfercht wurden, ein Sammelbecken für menschliches Elend jeder Art. Ludwig-Maria verzichtete auf jegliche Bezahlung für seinen Dienst und teilte in allem das Leben dieser Armen. Man kann wohl sagen, daß er selber schon zu einer „Randexistenz" im Vergleich zum Klerus seiner Zeit geworden war. In wenigen Wochen gelang es ihm, dem Leben im Hôpital wieder einen festen Rhythmus zu geben; er lernte die Sprache der Armen zu sprechen, und – was viele andere gar nicht erst versuchten, weil sie es für unmöglich hielten – es gelang ihm, mit diesen Menschen Gottesdienst zu feiern und zu beten, ihnen das Evangelium nahe zu bringen.

Daß er sich dabei in seinem ganzen Lebensstil mit den Armen identifizierte, brachte ihn wie von selbst in Schwierigkeiten mit den im Hôpital tätigen Gouvernanten. Ludwig-Maria verstand es offenbar nicht, einen Weg des Ausgleichs zu finden; zu radikal war seine Vorliebe für die Armen und seine Kompromißlosigkeit, zu autoritär sein Führungsstil, der viele vor den Kopf stieß. In noch größere Schwierigkeiten aber brachten ihn seine Predigten in der Stadt, die stets mehr Zulauf hatten. Die Klagen des Stadtklerus hatten schließlich Erfolg; Ludwig-Maria mußte Poitiers verlassen und kehrte im Frühjahr 1703 nach Paris zurück.

Dieser Mißerfolg stürzte ihn von neuem in eine tiefe innere Auseinandersetzung. Wie sollte er seine Berufung leben? Im Dienst an den Armen in der Abgeschlossenheit eines Hôpital Général? Damit war er gerade gescheitert. Die Mission? Oder vielleicht doch das kontemplative Leben in der Zurückgezogenheit von der Welt? Diese Fragen trieben ihn um in diesen Monaten in Paris, wo er in einem armseligen Verschlag unter einer Treppe hauste. Und doch gelang es ihm gerade in dieser Zeit, seine geistlichen Erfahrungen zu überdenken und zu Papier zu bringen. Er schrieb seine bedeutendste Schrift: „Die Liebe zur ewigen Weisheit", die bezeugt, daß er in diesen Monaten zur Gewißheit über sein persönliches Lebensprojekt gekommen ist.

Die Liebe zur ewigen Weisheit

In einem Brief vom 28. August 1704 schrieb Ludwig-Maria an seine Mutter: „In der neuen Familie, zu der ich gehöre, bin ich vermählt mit der Weisheit und dem Kreuz..."
Bereits 1701/2 hatte er damit begonnen, im Hôpital von Poitiers eine kleine Gruppe von alten und kranken Frauen in einem Raum, an dessen Türe er mit großen Buchstaben

„La Sagesse" – „Die Weisheit" geschrieben hatte, regelmäßig zusammenzuführen. Zusammen mit diesen Frauen entwarf er ein Lebensprogramm der Nachfolge Christi mit dem Ziel, die Weisheit der Weltmenschen – der „guten Christen" der besseren Gesellschaft von Poitiers – zu entlarven, indem er ihnen die Torheit des Evangeliums greifbar vor Augen stellte. Dieses Unterfangen, eine religiöse Gemeinschaft ausgerechnet mit alten, kranken, behinderten Frauen ins Leben zu rufen, wurde nicht nur belächelt, sondern als ein Skandal empfunden. Aber Ludwig-Maria wollte nicht nur selbst radikal dem Beispiel des armen, erniedrigten Christus folgen, sondern mehr noch: Er wollte die Torheit des Kreuzes mitten in der Welt aufrichten.
Die Weisheit und die Liebe zum Kreuz, beides stand in dieser Zeit im Mittelpunkt seiner Gedanken. Die Begegnung mit der menschlichen Not, leiblicher, seelischer, geistlicher Not jeder Art, hatte auch ihre Auswirkungen auf den Glauben Ludwig-Marias. Hatte er in seiner religiösen Erziehung und in seiner theologischen Ausbildung ein Gottesbild empfangen, das ganz von der unendlichen Majestät, der Fremdheit, der Herrlichkeit Gottes und von dem unüberbrückbaren Abstand zwischen Gott und Mensch bestimmt war, so erschloß sich ihm aus seinen persönlichen Erfahrungen, aber vor allem aus der intensiven Betrachtung der Heiligen Schrift ein Gott, der nah ist, persönlich und menschlich, ein Gott, der von Anfang an mit den Menschen einen Heilsplan hat und immer wieder Menschen fragt, ob er zusammen mit ihnen diesen Plan verwirklichen kann. Dieser Heilsplan Gottes hat seinen Höhepunkt in Jesus Christus, in dem Ludwig-Maria die „ewige und menschgewordene Weisheit" Gottes entdeckte. Von jetzt an war es sein größter Wunsch, die „ewige, menschgewordene Weisheit" zu besitzen und nie mehr zu verlieren und andere zum Besitz der Weisheit hinzuführen.
Das ist auch der Inhalt seiner Schrift „Die Liebe zur ewi-

gen Weisheit", die in dieser Pariser Zeit entstanden sein dürfte. Die Schrift hat zwei Quellen: das intensive Studium der biblischen Weisheitsliteratur und die Liebe zum gekreuzigten Christus; so versteht Ludwig-Maria die biblische Weisheitsliteratur aus einer christlichen Perspektive heraus. Ihr Ziel ist es, den Christen einen Weg zum Besitz der Weisheit aufzuzeigen; es ist keine lehrhafte Schrift, sondern eine Schrift, die auch andere zur Erfahrung der Weisheit hinführen will, zur Begegnung mit Christus. Es ist vor allem die einzige Schrift, die das, was man montfortanische Spiritualität nennen könnte, als ganzes enthält. Und sicher gibt sie auch Ludwig-Marias eigenen geistlichen Weg wieder. Daß er die „wahre und vollkommene Marienverehrung" als das „wirksamste Mittel", die Weisheit zu besitzen und zu bewahren, bezeichnet, spiegelt seine eigene Erfahrung wieder, daß die echte Marienverehrung ihn zu einer tiefen Begegnung mit Christus und zur Erfahrung des Vater-Gottes geführt hat.

Das Kreuz, die Weisheit, die Entlarvung der falschen Weisheit der Welt, das alles war in seinen Schriften und seinem Leben zu einer Einheit verschmolzen. In den Briefen aus dieser Zeit findet sich wiederholt die Bitte an Gott um Verfolgungen, Verleumdungen, um Kreuze aller Art, denn gerade das kennzeichnet nach dem Wort Jesu in den Seligpreisungen der Bergpredigt den, der die Weisheit besitzt. Ludwig-Maria hat von all dem mehr als genug in seinem Leben gefunden, und schon hier in Paris sah er sich von seinen Mitbrüdern im Priesteramt verspottet, ins Gerede gebracht, beim Erzbischof verleumdet, wegen einer aufsehenerregenden Aktion verhaftet und brüsk zurückgewiesen von den Sulpicianern und seinem früheren geistlichen Leiter Leschassier. Im Winter 1703/4 verbrachte er einige Monate in einem Eremitenkloster auf dem Mont Valerién, nahe Paris, um den Frieden in der Klostergemeinschaft wiederherzustellen; dabei wurde ihm klar, daß er zu einem Eremitenleben jedenfalls nicht berufen war. Noch einmal wurde er in das Hôpital Général von Poitiers zurückgeholt; auch diesmal konnte er kaum ein Jahr bleiben; der große Erfolg seiner Mission in den Vororten Montbernage und St. Saturnin fand nicht überall Beifall. Ludwig-Maria mußte das Bistum Poitiers endgültig verlassen.

Die Frage nach seiner Berufung stellte sich ihm wieder von neuem und dringlicher. Was für Möglichkeiten gab es überhaupt noch für ihn? Da erinnerte er sich an seinen ersten Wunsch, in die Mission nach Kanada zu gehen, aber er wußte zugleich, daß er bei den Sulpicianern und bei den Bischöfen kein Verständnis dafür erwarten konnte. So machte er sich auf den Weg nach Rom, um dem Papst seine Bitte vorzutragen. Im März 1706 sprach er mit Clemens XI. Aber der Papst entsprach nicht seiner Bitte; er trug ihm auf, in seiner Heimat Frankreich zu missionieren und in allem seinen Bischöfen zu gehorchen. Mit dem Titel „Apostolischer Missionar" versehen, der ihm eine Reihe von Privilegien, vor allem in bezug auf die Zelebration der Messe und die Spendung der Sakramente, einräumte, kehrte er nach Frankreich zurück.

10 Jahre missionarischer Tätigkeit

„Apostolischer Missionar" – ob dieser päpstliche Titel ihm die Bischöfe im Nordwesten Frankreichs geneigter machen würde? Auf dem Rückweg von Rom – wie immer zu Fuß und ohne einen Pfennig Geld in der Tasche – erinnerte sich Ludwig-Maria an seine Kollegzeit in Rennes, vor allem an seine ersten apostolischen Erfahrungen mit Julien Bellier. Deshalb ging er zuerst nach Rennes, um seine Lage mit Bellier zu besprechen; dieser konnte ihm einen Platz im Team des berühmten Missionars J. Leudeger vermitteln. In Dinan traf Ludwig-Maria mit dessen Gruppe zusammen, um dann bei einer Reihe von Missionen in den Diözesen St. Malo und St. Brieuc mitzuwirken. Seine besondere Vorliebe für die Armen und für Randexistenzen, an denen dem Pfarrklerus weniger gelegen war, gab ihm sein eigenes Tätigkeitsfeld. Aber ganz allmählich entfernte er sich von seinen Mitmissionaren. Antipathie gegen seine Art und Weise und sicher auch Eifersucht gegenüber seinen Erfolgen, aber auch grundsätzliche Meinungsverschiedenheiten brachten die anderen gegen ihn auf. In La Chéze gelang es Ludwig-Maria, mit Hilfe der Bevölkerung eine zerfallene Marienkapelle wiederaufzubauen. Die Einweihung wurde zu einer großartigen Feier, an der sich 33 Pfarreien aus der ganzen Umgebung beteiligten. In Montcontour brachte er, ohne auf irgend etwas und irgend jemand Rücksicht zu nehmen, einen Jahrmarkt, der seit undenklichen Zeiten auf Christi Himmelfahrt gehalten wurde und den religiösen Charakter des Festtages verdrängte, auf spektakuläre Weise zur Auflösung. Die Spannungen in der Gruppe wurden so stark, daß sich Leudeger genötigt sah, den zwar erfolgreichen, aber wenig umgänglichen und vor allem so wagemutigen Missionar, der vor nichts zurückschreckte und kompromißlos nur eines zu kennen schien, nämlich Gott und seine Ehre, zu entlassen.

Einmal mehr sah sich Ludwig-Maria gescheitert. Zusammen mit zwei Laien, die sich ihm angeschlossen hatten, zog er sich in die Einsiedelei St. Lazare in der Nähe seines Geburtsortes Montfort zurück, um über sich und seine Zukunft nachzudenken. Aber die drei „Einsiedler" blieben nicht lange verborgen. Von Tag zu Tag kamen mehr Menschen nach St. Lazare, und Ludwig-Maria konnte gar nicht anders, als die Gelegenheit zu nutzen, zu ihnen zu sprechen und mit ihnen den Rosenkranz zu beten. Bald ging er auch in die umliegenden Ortschaften, um zu predigen. Daß er dabei vor allem von der Barmherzigkeit Gottes und von der Liebe zu Maria sprach, daß er Bettler und Vagabunden um sich scharte, konnte kaum den Beifall des jansenistisch angehauchten Klerus finden. Dessen Klagen veranlaßten den Bischof, Ludwig-Maria die Auflage zu machen, nur noch in den Pfarrkirchen zu predigen. Da aber dazu immer die Erlaubnis des Pfarrers nötig war, wurde ihm so jede missionarische Tätigkeit unmöglich gemacht.

Doch dann erreichte ihn ein neuer Ruf. Jean Barrin, der Generalvikar des Bischofs von Nantes, der sich der Familie Grignion verbunden fühlte und der Ludwig-Maria schon lange kannte und vor allem von seiner Frömmigkeit beeindruckt war, hatte von den Schwierigkeiten Ludwig-Marias gehört. Dennoch konnte er seinen Bischof dazu bewegen, Ludwig-Maria eine Probe-Mission in einem Vorort von Nantes durchführen zu lassen. Beide überzeugten sich von den Fähigkeiten des Missionars, und der Bischof bestimmte ihm zum Leiter eines Missionsteams. Von 1708 bis 1710 predigte Ludwig-Maria im Norden des Bistums. Nun, da er selbständig und eigenverantwortlich arbeiten konnte, entfaltete sich sein Charisma, seine Gabe, Menschen zu Christus zu führen und ganze Pfarreien, ja ganze Landstriche für den Glauben zu gewinnen. Scheinbar mühelos gelang es ihm, das Vertrauen der Menschen zu erwerben. Der Bau des Kalvarienberges von Pont-Chateau ist ein bezeichnendes Beispiel dafür. Ludwig-Maria hatte die Absicht, ein Monument zu schaffen, daß den einfachen Gläubigen die wichtigen Glaubensgeheimnisse in bildhafter Darstellung näher bringen und sie so zum Gebet und zur Betrachtung anregen sollte. Am Ende der Mission in Pont-Chateau forderte er deshalb die Bevölkerung nicht nur der Stadt, sondern der ganzen Gegend zur Mithilfe auf. Es sollte ein Kalvarienberg von ungewohnter Größe werden. Ungefähr ein Jahr wurde daran gearbeitet, einen großen Hügel aufzuschütten, und man sprach von 20 000 Menschen, die mit Pferd und Wagen und mit ihrer Hände Arbeit mithalfen. Aber das Unternehmen nahm ein unrühmliches Ende: Die Einsegnung, die am Fest Kreuzerhöhung, dem 14. September 1710, stattfinden sollte, wurde vom Bischof untersagt, weil die Behörden Einspruch erhoben hatten, denn der

Hügel gefährde die militärische Sicherheit des Landes. Und sicher war Ludwig-Maria in seiner Impulsivität nicht gut beraten, das Unternehmen ohne Absprache mit dem Ortsklerus durchzuführen. Der Bischof untersagte ihm daraufhin jede missionarische Tätigkeit in seinem Bistum.

Die Missionstätigkeit in diesen Jahren hatte Ludwig-Maria Gewißheit über seine missionarische Berufung gegeben. So konnte er mit größerer Gelassenheit abwarten, bis ein neuer Ruf an ihn erging. Dieser kam im Mai 1711 vom Bischof von La Rochelle, der ihn mit der Leitung eines Missionsteams beauftragte und ihn mit allen Vollmachten ausstattete. Fünf Jahre, von 1711 bis zu seinem Tode, predigte Ludwig-Maria eine Mission nach der anderen, unterbrochen nur von kurzen Ruhepausen und einigen wenigen Reisen, etwa 1713 nach Paris. Als Leiter eines Teams, dem neben dem Priester Pierre de Bastières, der schon seit 1708 mit ihm zusammenarbeitete, einige Dominikaner, Jesuiten, Diözesanpriester und einige Laien angehörten, konnte er nun sein eigenes Missionskonzept mit wachsender Erfahrung verwirklichen.

Im Unterschied zu anderen Missionaren bewegte sich Ludwig-Marias Team immer zu Fuß und verzichtete auf die sonst üblichen Stiftungen wohlhabender Gläubiger, mit der die Missionen finanziert wurden. Sein Team lebte nur von Almosen, die aber meist so reichlich flossen, daß auch die Armen mitversorgt werden konnten. Ludwig-Maria wollte dadurch erreichen, daß seine Missionare alles auf die göttliche Vorsehung setzten und ihr Vertrauen in Gott auch nach außen hin deutlich machten. Es bewies aber auch pastorale Klugheit, denn so boten sich von Anfang an gute Möglichkeiten zum Kontakt und zur Nähe mit der Bevölkerung. Zugleich wurde den Menschen deutlich gemacht, daß die Mission ihre eigene Sache war, für deren äußeres und inneres Gelingen sie mitverantwortlich waren.

Ludwig-Maria besaß die große Gabe, das Vertrauen und

die Herzen der Menschen zu gewinnen, weil er ihre Sprache sprach, eine sehr konkrete und bildhafte Sprache, die an die alltäglichen Erfahrungen anknüpfte (und darum den Zugang zu seinen Schriften heute erschwert wegen der sehr zeitgebundenen Ausdrucksweise). Der Missionar verstand es, das, was an Frömmigkeit und Glauben bei den einfachen Gläubigen lebte, aufzugreifen und es von Übertreibungen und falschem Beiwerk zu reinigen. Alles diente nur dem einen Ziel, die Menschen durch Predigt und Gebet zu einer vollkommenen Bekehrung zu Christus hinzuführen oder – wie Ludwig-Maria selbst sagte – der „Erneuerung des christlichen Geistes in den Christen".
Um die Wirkungen der Mission dauerhafter zu machen, ließ er alle Teilnehmer, nachdem sie ihre Taufgelübde erneuert hatten, einen „Bundesvertrag mit Gott" unterschreiben, der sie an ihre Verpflichtungen erinnern sollte; überall versuchte er Bußbruderschaften, deren Mitglieder sich zu monatlicher Beichte und Kommunion und zu besonderen Bußübungen verpflichteten, und sogenannte Jungfrauenkongregationen einzurichten. Sein bevorzugtes Mittel aber war das regelmäßige Rosenkranzgebet. Ludwig-Maria konnte dabei auf die von den Dominikanern eingeführte Praxis zurückgreifen. Aber er verband diese einfache Gebetsweise mit einer echten Betrachtung der Lebensgeheimnisse Christi und mit der Forderung nach einem ernsthaften christlichen Leben. Gebet und Leben sollten so zu einer Einheit werden. Der Erfolg seiner Mission hat seinen Grund in seinem Verständnis für die Volksfrömmigkeit, in seinem Vertrauen in die Glaubensfähigkeit gerade der einfachen Leute und in der Hoffnung, die seine Predigt von der Barmherzigkeit Gottes und von der Liebe zu Maria in den Menschen weckte, während die Verkündigung sonst eher von einer jansenistisch beeinflußten Strenge bestimmt war, die mit ihren überhöhten Ansprüchen die einfachen Gläubigen eher zu Resignation und Hoffnungslosigkeit führte.

Seine tiefe Frömmigkeit, sein Lebensstil, der ganz auf das Vertrauen in die Vorsehung Gottes gegründet war, und sein Mut, mit dem er auf originelle und unerwartete Weise auf schwierige Situationen reagierte, beeindruckten die Menschen, die ihn hörten. All das – in Verbindung mit seinem impulsiven Temperament – ließ ihn aber auch immer wieder in Konflikte mit Klerus und Bürgern geraten. Anfeindungen und Verleumdungen reichten sogar bis zu einem Mordanschlag mit Gift, dessen Urheber nie entdeckt wurde. Ludwig-Maria überlebte die Vergiftung, aber seine Gesundheit und seine Kräfte waren angeschlagen. Anderthalb Jahre nach dem Anschlag starb er 43jährig am 28. April 1716 während der Mission in St. Laurent-sur-Sevre. Zu seinem Begräbnis bereits am folgenden Tag kamen mehrere Tausend Menschen zusammen, um „dem guten Pater von Montfort", den die einen für einen Verrückten, die anderen für einen Heiligen hielten, das letzte Geleit zu geben.
Ludwig-Maria Grignion von Montfort wurde 1888 selig- und 1947 von Papst Pius XII. heiliggesprochen.

Ein Leben mit Maria

Ludwig-Marias Leben und sein Glaube, seine menschliche und geistliche Entwicklung sind ohne Maria nicht denkbar. Die Mutter des Herrn hat einen so bedeutsamen Platz in seinem Leben und Denken, daß viele zu einer einseitigen und verkürzten Idee von seiner Persönlichkeit und seinem Werk gekommen sind.

Die wenigen Hinweise, die wir aus seinen Briefen und den ersten Lebensbeschreibungen besitzen, reichen nicht aus, ein deutliches Bild von der Entwicklung seiner persönlichen Beziehung zu Maria zu entwerfen. Sein Freund Blain berichtet, daß Ludwig-Maria bereits als Kind eine große Liebe zu Maria erkennen ließ. In den Kollegjahren in Rennes fiel er durch eine Marienfrömmigkeit auf, die das gewohnte Maß weit überschritt. Blain schreibt, daß Ludwig-Maria von Maria nicht anders als von „seiner guten Mutter" sprach und mit allem zuerst zu ihr ging. In der Seminarzeit in St. Sulpice änderte sich daran nichts; seine Mitstudenten warfen ihm vor, er ehre die Mutter mehr als den Sohn. Ludwig-Maria nutzte seine Studienzeit vor allem dazu, sich eine gute Kenntnis der ihm zugänglichen Schriften über Maria und die Marienverehrung anzueignen, wie sein Notizheft belegt. Darüber hinaus lassen sich nur noch wenige Rückschlüsse auf die Entwicklung seiner Beziehung zu Maria aus seinen späteren Schriften, vor allem aus seiner bekanntesten Schrift, der *Abhandlung über die wahre Marienverehrung*, ziehen.

Ludwig-Maria war in erster Linie Missionar, ein Apostel Jesu Christi. Den Menschen und insbesondere den Armen das Evangelium zu verkünden, war nicht einfach eine vorübergehende Idee, eine zeitweise Aufgabe, sondern die durchgängige Orientierung in seinem Leben. Aus diesem Grund gründete er zusammen mit Marie-Louise Trichet (1684–1759) den Schwesternorden der „Töchter der Weisheit" und entwarf eine Regel für die „Missionare der Gesellschaft Marias", deren eigentlichen Beginn er selbst nicht mehr erleben sollte. Schon im Namen, den er für diese Kongregation der Montfortaner wählte, wird deutlich, wie er sich seine Priester vorstellte: Es sollten Missionare sein, deren Vorbild die Apostel sind, und: Sie gehören der Gottesmutter. Mission und Marienverehrung sind die zwei Pole, die nicht nur die Kongregation, die er sich vorstellte, charakterisieren, sondern auch sein eigenes Leben, in dem es ihm gelungen ist, Apostolat und Marienverehrung zu einer Einheit zusammenzufügen. Darauf deutet auch hin, wenn er im ersten Teil seiner „Abhandlung" von der Rolle Marias in der Menschwerdung Christi spricht, um dann viel ausführlicher über Marias Rolle und Aufgabe bei der Geburt und im Wachstum der Kirche, des mystischen Leibes Christi, zu schreiben. Für ihn hat Maria deshalb auch eine bedeutende Rolle in der Mission, denn als wahre Mutter ist sie die Mittlerin aller Gnaden.

Dieser Gedanke ist nicht nur Ergebnis seines Nachdenkens über Maria, sondern zugleich Frucht seiner eigenen persönlichen Erfahrung von der Wirksamkeit Marias im Herzen des Apostels, von ihrer Bedeutung für das Heil und die Heiligung der Menschen und für die missionarische Tätigkeit der Kirche. Es ist Frucht einer mystischen Erfahrung, wie J. B. Blain aus einem Gespräch mit Ludwig-Maria im Jahr 1714 berichtet: „In unserem Gespräch vertraute er mir an, daß Gott ihn mit einer besonderen Gnade beschenkt habe: mit der bleibenden Gegenwart Jesu und Marias in seiner Seele." Blain fügt hinzu, daß er kaum verstand, was Ludwig-Maria damit meinte: „Ich hatte Mühe, eine so erhabene Gnade zu verstehen, aber ich wollte ihn nicht um eine Erklärung bitten, und vielleicht hätte er mir auch keine geben können. Denn es gibt im mystischen Leben Gnadenwirkungen, die selbst für den, der sie empfängt, unerklärlich sind." Viele Heilige berichten von ähnlichen Erfahrungen mit Maria.

Diese sich über die Jahre hinweg vertiefende mystische Erfahrung Marias ist auch der Hintergrund für den geistlichen Weg, den er den Christen vorschlägt, um zur Begegnung mit Christus zu finden, ein Weg, den er auch selbst gegangen ist und den er die „vollkommene Marienverehrung" genannt hat. Es ist ein Weg, der den Christen in einem langen Reifungsprozeß von sich selbst befreit, um ihn ganz arm, ganz offen und empfänglich für Gott zu machen, zu einem „marianischen" Menschen, indem der Christ sich ganz Maria hingibt und sich ihr weiht. Wenn Ludwig-Maria schreibt: „Maria ist gänzlich auf Gott bezogen, ja ich könnte sie die ‚reine Beziehung zu Gott' nennen ... oder das Echo Gottes, das nichts anderes sagt und wiederholt als Gott" (WMV 225), dann will er damit Marias überragende Heiligkeit zum Ausdruck bringen, aber zugleich verrät er damit auch etwas von seiner eigenen Beziehung zu Maria, einer Beziehung, die immer klarer und einfacher wird und in der das Ich völlig aus dem Mittelpunkt gerückt ist, um Maria und durch sie Jesus diesen Platz einzuräumen. Es ist der Weg zum Einssein mit Christus, zu dem jeder Christ berufen ist.

Auch wenn nicht jeder Christ ein Mystiker sein kann und muß, so bleibt die mystische Erfahrung, die nicht einfach mit außerordentlichen ekstatischen Erfahrungen gleichgesetzt werden darf, für die Christen immer bedeutsam, weil sie auf die mystische Bestimmung des Menschen, auf seine Liebeseinheit mit Gott, verweist. Diese Liebeseinheit zwischen Gott und Mensch ist deshalb auch das eigentliche Ziel der missionarischen Predigt und der marianischen Lehre Ludwig-Marias. Die Bekehrung zu Jesus Christus, um die es ihm immer zuerst zu tun ist, bleibt für ihn solange unvollkommen, bis sich der Bekehrte nicht wirklich ganz und gar Christus hingegeben, sich ihm ausdrücklich geweiht hat. Hier verbindet Ludwig-Maria seine missionarische Zielsetzung mit seiner geistlichen Erfahrung, die ganz marianisch geprägt ist. Wenn der Christ die marianischen Grundhaltungen der Empfänglichkeit und Ansprechbarkeit für Gott übernimmt, wenn er sich vor Gott arm weiß, wenn er bereit wird, sich von Gott beschenken zu lassen und darin seine radikale Abhängigkeit von Gott („Sklavenschaft" heißt das bei Ludwig-Maria) akzeptiert, dann kann er wie Maria erfahren, daß Gott Großes an ihm tut. Er erfährt die unbedingte und unendliche Liebe Gottes, die ihn ganz persönlich und einmalig anrührt, und er kann darauf antworten, indem er mit seinem ganzen Sein ja sagt zu Gott und seiner Liebe, die in Jesus Christus ein menschliches Antlitz bekommen hat. Das Ja-Wort des Menschen zu Gott, zu dem die montfortanische Weihe hinführt, will somit das Ja-Wort Marias, ihr „Mir geschehe nach deinem Wort", wieder neu fruchtbar werden lassen. „Durch Maria, in Maria, für Maria und mit Maria" ja sagen zu Gott soll es Christus ermöglichen, in den Herzen der Christen Gestalt anzunehmen, damit er in der Welt und ihrer Geschichte seine Sendung zur Vollendung bringen kann – bis zu seiner Wiederkunft.

Die „Abhandlung über die wahre Marienverehrung"

Die am weitesten verbreitete Schrift marianischen Inhaltes ist Ludwig-Maria von Montforts „Abhandlung über die wahre Marienverehrung". Dabei kann der Titel zu dem Mißverständnis verleiten, es handle sich um eine lehrhafte Darstellung, um eine theologische Abhandlung. Montfort selbst charakterisiert seine Schrift und schreibt: „Ich habe zur Feder gegriffen, um das niederzuschreiben, was ich seit Jahren, vor allem bei meinen Missionen, gepredigt habe" (WMV 110). Seine Schrift ist also keine theoretische Synthese, sondern die Ausarbeitung seiner Predigten, die er mit Zitaten aus der Heiligen Schrift, den Werken der Kirchenväter und der großen Theologen angereichert hat. Ihre Besonderheit liegt nicht darin, daß Montfort eine gänzlich neue Lehre über die Marienverehrung vorgelegt hat, sondern daß es ihm gelungen ist, seine persönlichen mystischen Erfahrungen mit dem, was er in den theologischen Schriften über Maria und im Frömmigkeitsleben der Gläubigen entdeckt hatte, zu einer Einheit zu verschmelzen. Dabei schreibt er in einer volkstümlichen, eingängigen und unmittelbaren Sprache, die aber nie ins Banale abgleitet. Er begnügt sich nicht mit abstrakten Prinzipien, sondern verbindet sie mit konkreten Vorschlägen zur Marienverehrung; andererseits beschreibt er nicht einfach nur Frömmigkeitsübungen, sondern bietet eine theologische Begründung der Marienverehrung, indem er sich auf den Heilsplan Gottes und auf die Sendung Marias als Mutter und Königin beruft. Zugleich verlangt er eine ganzheitliche Bekehrung und die Angleichung an Christus, in der die christliche Vollkommenheit besteht. Montfort darf deshalb zu den wenigen Autoren gerechnet werden, die eine volkstümliche marianische Spiritualität erarbeitet haben, die die gelebte Volksfrömmigkeit aufgreift und sie zu einem reifen und anspruchsvollen, mit Maria gelebten Christsein entwickelt.

Das Entstehungsjahr der Abhandlung läßt sich nicht mit letzter Genauigkeit angeben, aber sie dürfte in den letzten Jahren des missionarischen Wirkens Montforts entstanden sein, wahrscheinlich in den Jahren 1712/13. Wie er selbst vorhergesehen hatte, wurde die Schrift erst 130 Jahre nach seinem Tod veröffentlicht. Das Manuskript wurde während der Wirren der Französischen Revolution in einer Bücherkiste auf einem Acker vergraben, wanderte später unbesehen in ein Bücherregal, bis es 1842 zufällig wiederentdeckt und als Schrift Montforts identifiziert wurde. Leider sind die ersten und letzten Blätter verlorengegangen; über ihren Inhalt gibt es keine Anhaltspunkte. Daher ist auch der von Montfort vorgesehene Titel unbekannt. Für die erste Veröffentlichung im Jahre 1843 wählte der Herausgeber den Titel, der bis heute geblieben ist. Im Text der Abhandlung findet sich der Hinweis, daß Montfort selbst seine Schrift „Vorbereitung auf das Reich Jesu Christi" nennen wollte.

Die Marienverehrung ist daher für Montfort auch nicht das eigentliche Ziel, um das es ihm geht, sie ist vielmehr Mittel, das einfachste, sicherste und vollkommenste Mittel, „um Jesus Christus ganz zu finden, ihn innig zu lieben und ihm treu zu dienen" (WMV 62), denn darin besteht die Berufung und die Vollkommenheit des Christen. Im ersten Teil seiner Abhandlung befaßt er sich deshalb mit der Darlegung der Rolle Marias im Heilsplan Gottes und im Leben der Christen, um daraus die Notwendigkeit der Marienverehrung abzuleiten, während der zweite Teil eine ausführliche Erklärung des Wesens und der Praxis der „vollkommenen" Marienverehrung, der Weihe an Jesus Christus durch Maria, beinhaltet.

Wer sich der „Abhandlung" zuwendet, muß mit einigen Schwierigkeiten rechnen. Montforts „barocke" Sprache, die zahlreichen Bilder und Vergleiche, die er verwendet, seine Auslegung der Heiligen Schrift, die die Methoden moderner Exegese noch nicht kennt, seine zeitbedingte Darlegung der Glaubenswahrheiten, die bisweilen fremd und seltsam anmutet, sein bisweilen pessimistisches Menschenbild, all das erschwert den Zugang. Wer diese Hindernisse zu überwinden vermag, findet eine marianische Schrift, die sich auszeichnet durch eine strikte Orientierung am göttlichen Heilsplan, durch die Harmonie zwischen dogmatischen Gesichtspunkten und praktischen Hinweisen und durch die gelungene Einordnung der Marienverehrung in das Gesamt der christlichen Glaubenserfahrung.

Bis heute haben viele Christen bedeutende Impulse für ihr

Glaubensleben aus dieser Schrift empfangen. So schreibt der heilige Maximilian Kolbe: „Die vom seligen Grignion gelehrte Frömmigkeit ist auch unsere" (Brief 508, 2. 4. 1933). Frank Duff, der Gründer der Legio Mariae, sagt: „Ohne Zweifel, wer sich daran macht, die ‚Abhandlung über die wahre Marienverehrung' zu lesen, der gerät in ihren Bann, denn das Buch besitzt alles: Stil, Leidenschaft, Überzeugungskraft, Stärke, Beredsamkeit; es atmet Inspiration und Autorität. Dem Buch Montforts gebührt ein besonderer Rang in der Kirche" (Die montfortanische Sicht der wahren Marienverehrung, 11–12). Allen voran bezeugt Papst Johannes Paul II., der seinen bischöflichen Wahlspruch „Totus tuus" einem in Montforts Abhandlung zitierten Gebet des heiligen Bonaventura entnommen hat, die Bedeutung der Abhandlung für sein geistliches Leben:

„Die Lektüre dieses Buches hat in meinem Leben eine entscheidende Wende markiert. Ich sage Wende, obwohl es sich um einen langen, inneren Weg handelt, der mit meiner heimlichen Vorbereitung auf das Priestertum zusammengefallen ist. Damals fiel mir diese einzigartige Schrift in die Hände, eines der Bücher, die man nicht nur ‚gelesen haben muß'. Ich erinnere mich, daß ich es lange Zeit mit mir herumgetragen habe, selbst in der Sodafabrik, so daß sein schöner Umschlag mit Kalk beschmiert worden ist. Ich kam immer wieder auf bestimmte Stellen zurück. Ich habe sehr bald gemerkt, daß hinter der barocken Form des Buches etwas Grundlegendes verborgen war. Es hat die Frömmigkeit meiner Kindheit und Jugendzeit gegenüber der Mutter Christi verdrängt und ihr eine neue Einstellung gegeben, eine Verehrung, die aus der Tiefe meines Glaubens kam, wie aus dem Herzen der dreifaltigen und christologischen Wirklichkeit selbst.
Wenn ich früher befürchtete, daß die Marienverehrung den Zugang zu Christus versperrt, statt den Weg dahin

zu ebnen, verstand ich durch diese Schrift von Grignion de Montfort, daß es sich in Wahrheit ganz anders verhielt. Unsere innere Beziehung zur Mutter Gottes kommt organisch aus unserer Beziehung zum Geheimnis Christi. Es stimmt also nicht, daß das eine uns hindert, das andere zu sehen.

Ganz im Gegenteil: ‚Die wahre Verehrung' der Jungfrau Maria entfaltet sich mehr und mehr hin zum Geheimnis Christi, dem inkarnierten Logos, zum Heilsgeheimnis der Dreifaltigkeit, in welchem dieses Geheimnis den Mittelpunkt darstellt. Man kann sogar sagen, daß Christus demjenigen, der sich bemüht, ihn kennen und lieben zu lernen, seine Mutter anvertraut, wie er es auf dem Kalvarienberg für seinen Jünger Johannes getan hat.

Die ‚vollkommene Marienverehrung' – so drückt sich Grignion de Montfort aus –, daß heißt die wahre Erkenntnis Marias und die vertrauensvolle Hinwendung an sie wachsen mit unserer Kenntnis und unserer vertrauensvollen Hingabe an Christus. Diese ‚vollkommene Verehrung' ist notwendig für jeden, der sich rückhaltlos Christus und dem Werk der Erlösung schenken will. Grignion de Montfort führt uns in die Ordnung der Geheimnisse selbst ein, von denen unser Glaube lebt, die ihn wachsen und fruchtbar werden lassen. Je mehr sich mein inneres Leben auf die Wirklichkeit der Erlösung ausgerichtet hat, um so mehr ist mir die Hingabe an Maria – im Geist des heiligen Louis Grignion de Montfort – als der beste Weg erschienen, um wirksam und mit Gewinn an dieser Wirklichkeit teilzunehmen, um daraus zu schöpfen und mit den anderen die unaussprechlichen Reichtümer zu teilen.

Meine marianische Frömmigkeit – ich gebe Ihnen heute nur einen kurzen Einblick – wurde so geprägt und ist seit damals in mir lebendig. Sie gehört fest zu meinem inneren Leben und zu meiner geistlichen Theologie.

Man weiß, daß der Autor dieser Schrift seine Verehrung als eine Form der ‚Knechtschaft' bezeichnet hat. Das Wort kann unsere Zeitgenossen abstoßen. Ich sehe darin keine Schwierigkeit. Ich denke, daß es sich dabei um eine paradoxe Ausdrucksform handelt, wie man sie oft auch im Evangelium finden kann. Die Worte ‚heilige Knechtschaft' bedeuten, daß wir in ihr unsere Freiheit, das größte Geschenk, das Gott uns gemacht hat, tiefer kennenlernen können. Denn die Freiheit mißt sich mit dem Maß der Liebe, zu der wir fähig sind. Ich glaube, das ist es, was der Autor uns zeigen möchte" (A. Frossard, „Fürchtet euch nicht!", André Frossard im Gespräch mit Johannes Paul II., München 1982, 162–164).

Eine Frau in der Heilsgeschichte

Heilsgeschichte ist die Geschichte Gottes mit den Menschen. Die Heilige Schrift ist deshalb auch kein theologisches Handbuch, aus dem wir wie aus einem Lexikon Antwort auf all unsere Fragen entnehmen könnten. Sie erzählt vielmehr von Menschen und von ihren Erfahrungen mit Gott, und im Auf und Ab ihrer Lebensgeschichten können wir entdecken, wer Gott ist und wie er handelt. So begegnen wir Gott konkret in menschlichen Erfahrungen, und die Heilsbotschaft ist keine lehrbuchhafte, sondern eine lebendige und gelebte Wahrheit.
Wer die Lebensgeschichten, die in der Heiligen Schrift erzählt werden – von Abraham bis zu den Aposteln –, aufmerksam betrachtet, der bemerkt, daß die Geschichte Gottes mit den Menschen nicht ziellos ist, sondern eine Linie verfolgt, die das Antlitz Gottes immer deutlicher hervortreten läßt. Erscheint Gott zunächst als der Ganz-Andere, der Transzendente, der absolut Heilige, so offenbart sich immer mehr, daß Gott auch die Liebe ist und die Menschen an seiner Heiligkeit teilhaben läßt, um sie ganz mit sich zu vereinen. Deshalb beruft er immer wieder Männer und Frauen, die sein Volk ermahnen und auf den Weg der Heiligkeit zurückführen sollen, und verheißt, daß er selbst kommen wird, um sein Volk zu führen.
Diese Verheißung erfüllt sich in Jesus Christus. Die Menschwerdung ist der Höhepunkt der Geschichte Gottes mit den Menschen. Durch sein Leben, sein Sterben und seine Auferstehung hat der Gottessohn der Geschichte eine endgültige Wendung gegeben und allen Menschen Heil und ewiges Leben erworben. Die Selbstoffenbarung Gottes und seine Heilsbotschaft werden im Leben Jesu zu einem

menschlich-faßbaren Ereignis, dem wir in seiner Lebensgeschichte, die uns das Evangelium erzählt, begegnen. Und mit seiner Lebensgeschichte ist Maria untrennbar verbunden.

Diese Tatsache hat Montfort zutiefst bewegt und ihn nach der Rolle Marias im Heilsplan und ihrer Aufgabe in der Geschichte Gottes mit den Menschen fragen lassen. Dabei hat er sich streng an der Heiligen Schrift orientiert, wie sie in Leben, Gebet und Lehre der Kirche überliefert ist. Aus ihr versteht er, daß

> „Jesus Christus durch Maria in die Welt gekommen ist und durch sie auch in der Welt herrschen muß" (WMV 1),

daß also die Person Marias in der Geschichte Gottes mit den Menschen keineswegs zufällig, sondern von Gott in seiner Freiheit so gewollt ist. Deshalb will er mit seiner Predigt und mit seinen Schriften Zeugnis geben von der inneren Rolle Marias in der Heilsgeschichte, um die Christen dazu zu bewegen, den Heilsplan Gottes anzunehmen, damit das Reich Gottes auf Erden wirklich wird.

Maria ist mit der Lebensgeschichte Jesu, mit der Erlösung, untrennbar verbunden. Gott selbst erwählt und beruft sie dazu, der Welt den Messias zu schenken. In der Logik Gottes macht sie den Eintritt Jesu in die Geschichte der Menschen auf dem natürlichen Weg, dem Weg der Mutterschaft, möglich. Sie ist die *Tochter Sion,* der die Botschaft vom Kommen Gottes gebracht wird (Zef 3, 14–15; Lk 1, 28). Sie ist die *Magd des Herrn,* die der ihr zugedachten Sendung im Heilsplan in Freiheit und Verantwortlichkeit zustimmt. So empfängt sie den Sohn Gottes zuerst glaubend in ihrem Herzen und dann erst in ihrem Schoß. Durch diesen Glauben, der von den Kirchenvätern so gerühmt wird, wird Maria „Ursache des Heils für sich und das ganze Menschengeschlecht" (heiliger Irenäus). Deshalb wird sie „gebenedeit unter den Frauen" (Lk 1, 42) genannt,

deshalb werden alle Geschlechter sie selig preisen (Lk 1, 49). Hier liegt das biblische Fundament der Marienverehrung.
Die Gottesmutterschaft ist die grundlegende Aufgabe Marias in der Heilsgeschichte. Montfort hat erkannt, daß Maria nicht einfach nur im biologischen Sinn Mutter ist. Sie ist nicht nur dazu da, dem Sohn Gottes einen menschlichen Leib zu schenken, sondern sie ernährt, umsorgt und erzieht ihn. Maria führt Jesus in die religiösen Traditionen und Überzeugungen seines Volkes ein, sie legt in ihm die Grundlage für die Hingabe seines Lebens im Dienst für Gott und die Menschen. Sie ist, so drückt es Montfort aus, nicht nur Mutter, sondern

„die unzertrennliche Gefährtin in seinem Leben, seinem Tod, seiner Verherrlichung und seiner Macht im Himmel und auf Erden" (WMV 74).

Montfort schließt aus der Gottesmutterschaft, daß Maria für immer mit dem dreifaltigen Gott verbunden bleibt. Sie ist für immer die Mutter Jesu, und Jesus ist für immer die Frucht ihres Leibes (WMV 33). Für immer ist sie die „Braut des Heiligen Geistes, ... der sich Marias bedienen wollte, obwohl er sie nicht nötig hatte, um seine Fruchtbarkeit zum Tragen zu bringen und in ihr und durch sie Jesus Christus und die Glieder seines Leibes hervorzubringen" (WMV 21). Maria ist für immer die Tochter Gottes des Vaters, denn er wollte ihr „seine eigene Fruchtbarkeit mitteilen – soweit ein einfaches Geschöpf dazu fähig war –, um ihr das Vermögen zu schenken, seinen Sohn hervorzubringen" (WMV 29). Dabei stützt sich Montfort auf die Unwandelbarkeit der Entscheidungen Gottes, der sich in seinem Verhalten und in seinen Absichten niemals ändert (WMV 15), aber auch darauf, daß die Verherrlichung Marias nach ihrem irdischen Leben ihre Mutterschaft nicht aufhebt, sondern zur Vollendung bringt.
Die Lebensgeschichte Marias hat für den christlichen

Glauben eine zweite, nicht weniger wichtige Bedeutung. Denn Maria ist die erste menschliche Person, die eine Antwort auf Gottes Liebesangebot in Jesus Christus gibt. Sie ist die *erste Christin*, und ihre Lebensgeschichte ist der von Gott gewollte Anfang der christlichen Glaubensgeschichte. Das neue Volk Gottes kann diesen Anfang nicht einfach übergehen, ohne seine eigene Geschichte zu verfälschen. Maria ist deshalb Vorbild im Glauben und „Urbild" der Kirche. Sie wird selig gepriesen, „weil sie geglaubt hat" (Lk 1, 45), und ist den „Pilgerweg des Glaubens" (LG 58) gegangen, indem sie über alle Geschehnisse nachsann und Christus folgte bis unter das Kreuz (Lk 2, 19.51; Joh 19, 25). Montfort weist immer wieder darauf hin, daß wir Maria nachahmen, das heißt uns ihre Glaubens- und Lebenshaltung zu eigen machen sollen, wie sie das Evangelium beschreibt als die Haltung der „Armen Jahwes", die in tiefem Vertrauen zu Gott und in der Hoffnung auf die Erfüllung seiner Verheißungen leben und im schweigenden Hören auf das Wort Gottes seinen Liebeswillen erkennen und annehmen.

Daß Maria Macht hat über die Herzen der Menschen, ist für Montfort eine beinahe selbstverständliche Folgerung aus ihrer Gottesmutterschaft, weil es für ihn klar ist, daß eine Frau, die die Mutter Gottes wird, auch „voll der Gnade" ist. Maria ist so eng mit Gott verbunden, so eins mit dem Herrn, daß sie nur noch Beziehung zu Gott ist (WMV 225). In keinem anderen Geschöpf ist die Gnade der Erlösung so sehr verwirklicht wie in Maria. Sie ist das „Meisterwerk des Allerhöchsten", das Wunder der Erlösung. Für Montfort heißt das zugleich, daß Maria so sehr vom göttlichen Leben erfüllt ist, daß sie es mit anderen teilen kann. Sie ist der „Schrein" der Gnaden Gottes, sie ist die „Mutter der Gnade", weil der Vater die Gnade in Person in sie hineingelegt hat, dank ihrer Zustimmung zu seinem Heilswillen. Marias Aufgabe in der Heilsgeschichte ist darum nicht einfach darin erschöpft, daß sie die irdische

Mutter Jesu ist. Montfort sieht sie viel umfassender darin, daß die Gabe des göttlichen Lebens immer mit ihrem ewig gültigen „Mir geschehe nach deinem Wort", das sie im Namen der ganzen Menschheit gesprochen hat, verbunden bleibt. Es gibt deshalb kein menschliches Ja zu Gott und zu Christus, das nicht auf geheimnisvolle Weise mit dem Ja-Wort Marias verbunden ist. Praktisch bedeutet das für Montfort, daß die Taufe des Christen ohne Maria nicht denkbar ist, aber auch, daß Maria die sicherste und wirkungsvollste Hilfe auf dem Weg zu Christus ist. Dazu beruft er sich auf die Erfahrung vieler Heiliger und zitiert den heiligen Johannes von Damaskus: „Dir ergeben sein, Jungfrau Maria, ist eine Waffe des Heiles, die Gott dem gibt, den er retten will" (WMV 41). Sein stärkstes Argument ist seine persönliche Erfahrung. So schreibt er am Beginn seiner Priestertätigkeit an seinen geistlichen Leiter:

> „Ich finde einen solchen Reichtum in der göttlichen Vorsehung und eine solche Kraft in der allerheiligsten Jungfrau, daß sie meine Armut füllen und mich in meiner Schwachheit stützen" (5. 7. 1701).

Ungefähr zehn Jahre später schreibt er:

> „Allen Geschöpfen möchte ich sagen, wie gut du zu mir gewesen bist, mein Jesus, weil du mich deine Mutter hast kennenlernen und mich ihr hast weihen lassen... Ohne Maria wäre ich für immer verloren... Lieber möchte ich sterben, als ohne sie leben" (GM 66).

Montforts Bemühungen um die Marienverehrung haben das Ziel, die Christen zu einer vertieften Glaubenssicht von Maria zu führen, nicht damit Maria in übertriebener Weise verehrt würde, sondern damit Christus in der Welt herrschen kann:

> „Mein Herz hat mir mit besonderer Freude eingegeben, was ich geschrieben habe, um zu zeigen, daß Maria bis

jetzt nicht erkannt worden ist. Dies ist einer der Gründe dafür, daß Jesus Christus nicht so erkannt ist, wie es sein müßte. Wenn sich die Erkenntnis Christi und sein Reich in der Welt verwirklichen sollen, dann nur als Folge der Erkenntnis Marias und ihrer Herrschaft. Denn Maria hat Jesus beim ersten Mal zur Welt gebracht, sie läßt ihn auch beim zweiten Mal wieder erscheinen" (WMV 11–13).

Das II. Vatikanische Konzil, das Maria unmittelbar in das Geheimnis Christi und der Kirche hineingestellt hat, sieht den gleichen Zusammenhang und „mahnt alle Kinder der Kirche, die Verehrung, vor allem die liturgische, der seligen Jungfrau großmütig zu fördern" (LG 67). Dabei soll „jede falsche Übertreibung", aber auch jede „Geistesenge bei der Betrachtung der einzigartigen Würde der Gottesmutter" (LG 67) vermieden werden.

Maria ist notwendig für die Menschen, weil Gott es so will

Nur Maria hat bei Gott Gnade gefunden sowohl für sich selbst als auch für jeden einzelnen Menschen. Die Patriarchen, die Propheten, alle Heiligen des Alten Bundes haben diese Gnade nicht finden können.
Maria heißt „Mutter der Gnade", denn sie hat dem Urheber aller Gnade Sein und Leben geschenkt.
Weil Maria das Haupt der Gläubigen, Jesus Christus, gebildet hat, muß sie auch die zum Haupt gehörigen Glieder bilden. Das sind die wahren Christen. Denn eine Mutter bringt weder das Haupt ohne Glieder noch die Glieder ohne das Haupt zur Welt. Wer deshalb Glied Jesu Christi sein will, der voll der Gnade und Wahrheit ist, muß zulassen, daß Jesu Gnade ihn in Maria bildet. Denn Maria ist voll der Gnade Christi, damit sie sie in Fülle weitergeben kann an

die wahren Glieder ihres Sohnes, die auch ihre wahren Kinder sind (GM 7; 8; 12).
Man muß also die Schlußfolgerung ziehen, daß die allerheiligste Jungfrau, da sie notwendig ist für Gott – eine Notwendigkeit, die man hypothetisch nennen könnte als Konsequenz seines Willens –, erst recht notwendig ist für die Menschen, damit sie ihr letztes Ziel erreichen. Man darf deshalb die Verehrung der allerheiligsten Jungfrau nicht mit der Verehrung der übrigen Heiligen verwechseln, als sei sie nicht notwendiger als diese und nur ein überflüssiger Zusatz (WMV 39).
In diesen letzten Zeiten will Gott also Maria, das Meisterwerk aus seinen Händen, offenbaren:
1. denn auf Erden wollte sie verborgen bleiben und hat sich in ihrer tiefen Demut bis in den Staub erniedrigt, indem sie von Gott, von seinen Aposteln und Evangelisten erlangte, unerkannt zu bleiben;
2. denn sie ist das Meisterwerk aus seinen Händen, hier auf Erden durch seine Gnade und im Himmel durch die Herrlichkeit, und deshalb will Gott dafür von den Menschen verherrlicht und gelobt werden;
3. denn sie ist die Morgenröte, die Jesus Christus, der Sonne der Gerechtigkeit, vorausgeht und ihn ankündigt. Deshalb muß sie bekannt und entdeckt werden, damit Jesus Christus es sei;
4. denn sie ist der Weg, auf dem Jesus Christus das erste Mal zu uns gekommen ist. Sie wird auch der Weg sein, wenn er zum zweiten Mal kommen wird, wenn auch auf andere Weise;
5. denn sie ist das sichere Mittel, der gerade und makellose Weg, um zu Jesus Christus zu gehen und ihn ganz zu finden. Deshalb müssen die heiligen Seelen, die zu großer Heiligkeit bestimmt sind, Christus durch sie finden. Wer Maria findet, findet das Leben: Jesus Christus, denn er ist der Weg, die Wahrheit und das Leben. Aber man kann Maria nicht finden, wenn man sie nicht sucht; man kann sie

nicht suchen, wenn man sie nicht kennt; denn man sucht und begehrt nichts, was man nicht kennt. Es ist also notwendig, daß Maria mehr als je zuvor erkannt wird zur größeren Erkenntnis und Verherrlichung der allerheiligsten Dreifaltigkeit (WMV 50).

Die wahre und richtige Haltung gegenüber Maria

Ein kleines Mädchen wurde einmal gefragt: „Wie lieb hast du deinen Vater?" Das Mädchen breitete die Arme aus und antwortete: „So lieb habe ich ihn."
„Und wie lieb hast du deine Mutter?" Das Mädchen schaute aus dem Fenster und deutete auf die hohen Berge: „So hoch wie die Berge dort hinten."
„Und wie lieb hast du Gott?" Das Mädchen dachte einen Augenblick nach. „Gott liebe ich mit einer Liebe so groß, wie er selber ist."
Das Mädchen war die heilige Gemma Galgani.
Die Liebe der heiligen Gemma fand ihr Maß in der Größe Gottes selbst. Fragen wir nach der richtigen Haltung gegenüber Maria, dann muß auch sie sich an der „Größe" Marias orientieren und ihrer Sendung in der Heilsgeschichte entsprechen. Sie muß zugleich das Heute der Kirche und die persönlichen Lebensumstände des einzelnen berücksichtigen.
Wenn die Marienverehrung in den vergangenen Jahren in eine Krise geraten ist, dann haben dazu auch – neben vielem anderen – Übertreibungen und Fehlformen beigetragen. Dieses Problem hat es zu allen Zeiten gegeben. Schon im 4. Jahrhundert betont der heilige Epiphanias († 402) den ausgewogenen Standpunkt der christlichen Tradition: „Maria war wahrhaft Jungfrau und verehrungswürdig, aber sie ist uns nicht zur Anbetung gegeben; betet sie doch selbst den an, der dem Fleische nach aus ihr geboren ist."
Viele Jahrhunderte später weist Robert Bellarmin († 1621) den „königlichen" Weg der Marienverehrung: „Die Kollyridianer preisen Maria so sehr, daß sie aus ihr eine Gottheit machen; die Lutheraner dagegen setzen Maria dem

unbedeutendsten Menschen gleich. Die katholische Kirche geht den königlichen Weg, denn sie betrachtet Maria nicht als Gottheit, aber als Mutter Gottes und als das bedeutendste Glied des mystischen Leibes Christi."

Auch der heilige Montfort warnt vor Abirrungen in der Marienverehrung. Er verurteilt die *Überkritischen,* die die Ausdrucksweisen der Volksfrömmigkeit nicht verstehen können und sie lieber abschaffen wollen, als sie am Wort Gottes richtig auszurichten; die *Skrupulanten,* die aus Sorge darum, den Vorrang Christi zu wahren, befürchten, daß der Sohn verunehrt wird, wenn man die Mutter ehrt; die *Frömmler,* die nur die Äußerlichkeiten der Marienverehrung lieben, ohne ihr inneres Wesen zu erfassen; die *Inkonsequenten* und *Heuchlerischen,* die meinen, daß Maria und die Sünde in ihrem Leben zusammenpassen; die *Unbeständigen,* die sich nur in äußerster Not an Maria wenden oder wenn sie gerade Lust dazu haben (WMV 91–101).

Auch das II. Vatikanische Konzil mahnt:

> „Die Gläubigen aber sollten eingedenk sein, daß die wahre Andacht weder in unfruchtbarem und vorübergehendem Gefühl noch in irgendwelcher Leichtgläubigkeit besteht, sondern aus dem wahren Glauben hervorgeht, durch den wir zur Anerkennung der Erhabenheit der Gottesmutter geführt und zur kindlichen Liebe zu unserer Mutter und zur Nachahmung ihrer Tugenden angetrieben werden" (LG 67).

Das eigentliche Problem scheint heute eher darin zu liegen, daß die Sendung Marias und ihre Aufgabe im Heilsplan nicht deutlich genug wahrgenommen wird. Es ist eine Einseitigkeit, die nach eigenem Gutdünken aus dem Heilsplan auswählt, was angenommen und was abgelehnt wird. Für Montfort ist das nicht nebensächlich, sondern eine Verfälschung des Heilsplanes und das Ausweichen in eine Scheinwelt. Es zeichnet Montforts Marienverehrung aus, daß sie sich immer wieder neu auf die gegebene Heilsordnung beruft. Falsch muß heute auch ein Minimalismus genannt werden, der sich scheut, die Verehrung Marias mit der Anbetung Christi zu verbinden. Denn die Offenbarung bezeugt nicht einen Christus, der allein für sich bleiben will und auf jede Art von menschlicher Mitwirkung eifersüchtig ist, einer Mitwirkung, die er doch selbst gewollt hat. Falsch ist auch der Maximalismus, der die Bedeutung Marias so sehr übertreibt, daß darüber der Vorrang Christi und die Taufverpflichtungen vergessen werden. Als Kriterium für die Echtheit der Marienverehrung ist die Liebe zu nennen. Wenn die Marienverehrung die Gottes- und Nächstenliebe wachsen läßt, dann darf dies als Zeichen dafür gelten, daß sie auf die wahre Maria und nicht auf ein falsches Bild von ihr gerichtet ist.

Die wahre Marienverehrung

Montfort spricht sehr betont von der wahren Marienverehrung. Für den Christen liegt die Wahrheit in der Übereinstimmung von Leben und göttlicher Offenbarung. Der Christ ist „in der Wahrheit", wenn er sein Leben an der Heilsbotschaft ausrichtet oder, deutlicher gesagt, an Jesus Christus selbst, der von sich gesagt hat: „Ich bin die Wahrheit" (Joh 14, 6). In der Offenbarung, die in der Katechese der Apostel überliefert ist, erscheint Jesus als Mittelpunkt sowohl im Heilsplan des Vaters als auch im Leben der Christen. Er ist unser Erlöser, unser einziger Mittler und unser Vorbild auf dem Weg zum Vater, zu dem wir, geführt vom Heiligen Geist, unterwegs sind. Aus der Offenbarung erfahren wir zugleich, daß Gott die Jungfrau Maria erwählt, Mutter seines Sohnes zu werden und der Welt den Erlöser zu schenken. Die Person Marias ist deshalb aus dem göttlichen Heilsplan nicht wegzudenken, und das Evangelium selbst lädt dazu ein, Maria „selig zu preisen", weil Gott Großes an ihr getan hat (vgl. Lk 1, 48–49), und sie als Mutter anzunehmen, wie der Jünger es tat, den Jesus liebte (Joh 19, 25–27).

Für die Christen aller Zeiten liegt ein Problem darin, ein harmonisches Gleichgewicht zu finden zwischen der lebensmäßigen Anerkennung Marias als Mutter und Vorbild, wie sie vom Wort Gottes selbst gefordert ist, und der Annahme des göttlichen Heilsplanes in seiner Gesamtheit. Diese Annahme muß immer davon ausgehen, daß Jesus Christus der Mittelpunkt des Heilsplanes ist; sie schließt ein die Anbetung der Dreifaltigkeit, die Feier der göttlichen Geheimnisse, die Liebe zu den Mitmenschen und den konkreten Einsatz in der Geschichte, damit die irdischen Wirklichkeiten vom Geist des Evangeliums durchdrungen werden.

Das Konzil nennt vier Aspekte, die die Haltung des Gottesvolkes gegenüber Maria kennzeichnen: *Verehrung und Liebe, Anrufung und Nachahmung* (LG 66).

Weil Maria die heilige Mutter Gottes ist – Ausdruck einer in der Heilsgeschichte einmaligen Sendung und Würde –, ist es angebracht, Maria zu *verehren* und anzuerkennen, was Gott an ihr getan hat.

Wenn Maria an den Geheimnissen Christi teilhat und am Werk der Erlösung mitgewirkt hat und so Mutter der Gläubigen in der Ordnung der Gnade geworden ist, dann wird einsichtig, daß man mit *kindlicher Liebe* auf ihre mütterliche Sendung antworten soll.

In ihrem verherrlichten Sein bei Gott zeigt Maria ihre Mutterschaft dadurch, daß sie sich für ihre Kinder einsetzt, damit sie ihre ewige Heimat erreichen. Weil die Christen darum wußten, haben sie sich seit den ersten Jahrhunderten im *Gebet* an Maria gewandt und ihre Hilfe erfahren können.

In ihrem irdischen Leben hat uns Maria ein leuchtendes Beispiel christlicher Tugend hinterlassen, so daß sie „Urbild und Vorbild" der Kirche geworden ist. Deshalb sollen wir sie *nachahmen*, damit wir wahre Jünger Christi werden.

Immer bleibt es wichtig, Maria in ihrer ganzen Wirklichkeit zu sehen: in ihrem himmlischen Sein und in ihrem irdischen Leben. Maria ist eine Person, die als Verherrlichte lebt und die wir darum bitten, uns als Mutter auf unserem Lebens- und Glaubensweg zu begleiten und uns die Gnade des Heils zu erflehen. Zugleich ist sie auch die erste und vollkommene Christin, deren evangelische Tugenden wir nachahmen sollen, damit wir in ihrer Nachfolge zu reifen und zu verantwortungsbewußten Christen heranwachsen.

Die wahre Marienverehrung

Es ist notwendig, die falschen Arten der Marienverehrung zu betrachten. Ihrer bedient sich der Teufel, um viele Seelen zu betrügen und zu gefährden. Ich beschreibe sie nicht, sondern begnüge mich damit zu sagen, daß die wahre Marienverehrung immer innerlich ist, ohne Heuchelei und Aberglaube; sie ist innig, ohne Gleichgültigkeit und Skrupel; sie ist beständig, ohne Launenhaftigkeit und Untreue; sie ist heilig, ohne Anmaßung und Unordnung (LEW 216).

Es gibt verschiedene Arten einer echten Beziehung zu Maria. Von den nicht akzeptablen will ich hier nicht sprechen. Die erste Art besteht darin, seine Pflichten als Christ zu erfüllen: schwere Sünden meiden, aus Liebe und nicht aus Furcht handeln, hin und wieder Maria anrufen und sie als Mutter Gottes verehren, aber ohne besondere Marienfrömmigkeit.

Die zweite Art besteht darin, Maria tiefe Gefühle der Liebe, der Hochachtung, des Vertrauens und der Verehrung entgegenzubringen. Man tritt der Rosenkranz- oder Skapulierbruderschaft bei, betet den Rosenkranz, hält die Marienbil-

der und -altäre in Ehren, verkündet ihr Lob und tritt in die marianischen Kongregationen ein. Das alles ist, wenn man die Sünde meidet, gut, heilig und lobenswert. Aber es ist nicht so vollkommen, daß es uns von jeder ungeordneten Neigung gegenüber uns selbst, den Mitmenschen und der Welt befreit, damit wir mit Jesus Christus vereinigt werden könnten.

Nur wenige kennen und üben die dritte Art der Marienverehrung, die ich dir nun enthüllen möchte. Sie besteht darin, sich ganz und gar Maria hinzugeben wie ein Sklave – und durch Maria Jesus – und dann alles mit Maria, in Maria, durch Maria und für Maria zu tun (GM 24–28).

Unser Bund mit Gott

Die Heiligen sind uns immer voraus. Sie geben sich mit dem Mittelmaß, dem täglichen Einerlei, einem oberflächlichen Leben nicht zufrieden. Auch der heilige Montfort hat in seiner tiefen Sehnsucht nach dem Absoluten verstanden, daß Gott uns nicht einfach dazu beruft, menschlicher in wahrem Frieden und echter Brüderlichkeit zu werden, sondern „Kinder Gottes" und „vollkommen wie der himmlische Vater" (vgl. Mt 5, 48; 1 Joh 3, 1). Als Weg zu solcher Vollkommenheit empfiehlt er die *Weihe an Jesus Christus durch Maria*.

Montfort kommt in drei Schriften auf die marianische Weihe zu sprechen, jedesmal unter einem anderen Aspekt. In der *Abhandlung über die wahre Marienverehrung* erklärt er sie als *vollkommene Weihe an Jesus Christus* (WMV 120); der *Bundesvertrag mit Gott,* den er bei seinen Volksmissionen unterschreiben ließ, läßt den Zusammenhang von Bund und Weihe hervortreten; in seiner Schrift *Die Liebe zur ewigen Weisheit* erscheint die Weihe als Lebensweisheit, das heißt als das „wunderbare Geheimnis, die göttliche Weisheit zu erlangen und zu bewahren" (LEW 203).

Die Weihe an Jesus Christus

Christentum ist weder Lehre noch Idee, sondern eine Person: Jesus Christus. Das erste Glaubensbekenntnis der christlichen Gemeinde bestand in den feierlich-einfachen Worten: „Jesus Christus ist der Herr" (Phil 2, 11). Diesen zutiefst personalen Charakter des christlichen Glaubens hat Montfort immer betont:

„Unsere ganze Vollkommenheit besteht darin, Jesus Christus ähnlich, mit ihm vereint und ihm geweiht zu sein. Deshalb ist die beste Frömmigkeit diejenige, die uns am vollkommensten Christus ähnlich macht, uns mit ihm vereint und ihm weiht. Da nun Maria von allen Geschöpfen Jesus am ähnlichsten geworden ist, so folgt daraus, daß die Marienverehrung die Seele am meisten Jesus weiht und ihm ähnlich macht. Je mehr eine Seele Maria geweiht ist, desto mehr ist sie auch Christus geweiht. Die vollkommene Weihe an Jesus Christus ist deshalb nichts anderes als eine vollkommene und ganzheitliche Weihe an Maria. Oder mit anderen Worten: eine vollkommene Erneuerung des Taufgelübdes. Das ist die Marienverehrung, die ich lehre" (WMV 120).

Das, was Montfort am meisten am Herzen liegt, ist die Verbundenheit mit Christus, so wie Christus selbst sie verlangt hat: „Bleibt in mir, dann bleibe ich in euch" (Joh 15, 4). Die Weihe an Jesus Christus durch Maria ist für Montfort ein sicherer Weg zu diesem Ziel. Das hat seinen Grund darin, daß Maria mit ihrem ganzen Sein zutiefst mit Christus verbunden ist: Sie wird Mutter, um der Welt den Erlöser Jesus Christus zu schenken, ihr Tun zielt darauf hin, den Glauben an Jesus zu wecken (vgl. Joh 2, 1–12), sie lebt ganz dafür, daß das Reich Christi auf die Erde kommt. Montfort denkt folgerichtig weiter. Weil Maria „das Jesus Christus ähnlichste Geschöpf" ist, festigt und vertieft die marianische Weihe die Ähnlichkeit und die Verbundenheit mit Christus. Wer Maria ähnlich wird, wird zugleich Christus ähnlicher, und „je mehr eine Seele Maria geweiht ist, desto mehr ist sie auch Christus geweiht". Deshalb schlägt er eine umfassende und bleibende Hingabe an Maria vor, aber immer im Blick auf die Weihe an Christus:

> „Diese Frömmigkeit besteht deshalb darin, sich ganz und gar Maria hinzugeben, um durch sie ganz Jesus

Christus zu gehören. Wir müssen ihr geben: unseren Leib mit all seinen Sinnen und Gliedern; unsere Seele mit all ihren Fähigkeiten; unsere äußeren Güter, unseren gegenwärtigen und zukünftigen Besitz, unsere inneren und geistlichen Güter" (WMV 121).

Der Kern der marianischen Frömmigkeit Montforts liegt also in einer radikalen inneren Armut. „Man soll nichts zurückbehalten, nicht einen Pfennig, nicht einmal ein Haar, nicht die geringste gute Tat" (WMV 121), denn nur so läßt sich in den Augen Montforts die innere Offenheit und die Empfänglichkeit erreichen, die notwendig ist, wenn man Christus finden will. Die marianische Weihe Montforts ist ein Weg, der den Christen aus seinen vielen Abhängigkeiten befreien will, damit er frei wird für Gott und seinen Heilsplan. Gerade das aber zeichnet Maria aus, und Montfort schließt daraus, daß die Hingabe an Maria bewirkt, daß Christus in unseren Herzen herrschen kann.

Der Bund mit Gott

Der Höhepunkt der Volksmissionen, die Montfort gepredigt hat, war immer die feierliche Erneuerung der Taufgelübde. Montfort verstand es, diese nüchterne Angelegenheit zu dramatisieren, indem er jeden Teilnehmer zuerst vor dem Evangelienbuch sprechen ließ: „Ich glaube fest alle Wahrheiten des Evangeliums Jesu Christi." Anschließend ließ er jeden zum Taufbrunnen gehen, wo er sein Taufgelübde erneuerte. Als Höhepunkt hielt Montfort selbst ihm eine Marienstatue entgegen, vor der er die Weihe vollzog: „Ich gebe mich durch die Hände Marias ganz Jesus Christus hin, um ihm mein Kreuz nachzutragen alle Tage meines Lebens." Im Anschluß daran mußte jeder mit seiner Unterschrift die eingegangenen Verpflichtungen bestätigen. Dieses Schriftstück nannte Montfort den „Bundesvertrag mit Gott" und griff dabei auf die in seinen Tagen allgemein übliche Praxis zurück, jede Angelegenheit durch einen Vertrag zu regeln. Zugleich erinnerte er damit an den Bund, den Gott mit den Menschen geschlossen hat und in den der Christ durch die Taufe aufgenommen ist, und verdeutlicht die marianische Weihe als den Teil, den der menschliche Partner in diesem Bund zu übernehmen hat. Die Verpflichtungen, die sich für den Neubekehrten ergeben, nennt Montfort in einem seiner Lieder ganz konkret: tägliche Teilnahme an der Messe, Betrachtung, Rosenkranzgebet, Gewissensforschung... Diese äußeren Übungen werden zum Ausdruck der inneren Hingabe an Christus. Es ist Montforts Überzeugung, daß die Gottesmutter, die für ihn die Bundeslade des Neuen Bundes ist, gerade deshalb hilft, den Gottesbund mit Leben zu füllen, bis die Verheißung erfüllt ist: „Ihr werdet mein Volk sein, und ich werde euer Gott sein" (Ex 6, 7; Ez 37, 27; Jer 7, 23).

Eine Lebensweisheit

Das wichtigste Werk Montforts ist seine Schrift *Die Liebe zur ewigen Weisheit*. Ihre große Bedeutung liegt in der Tatsache, daß sie als einzige die montfortanische Spiritualität in ihrer Gesamtheit bietet und so die rechte Einordnung der wahren Marienverehrung ermöglicht. Und es ist die einzige Schrift, die wir kennen, die eine christliche Interpretation des biblischen Weisheitsbuches bietet.
Montfort identifiziert die Weisheit mit dem Wort Gottes in seiner liebenden Bewegung zum Menschen. Um „den armen Menschen zu erlösen und ihm die ewige Seligkeit zu verdienen" (LEW 45), wählt sie nicht den Weg der Macht und der Herrlichkeit, sondern der Demut, der Armut und der Selbsthingabe bis zum Opfertod. Darin besteht ihre „Weisheit", die sie dazu bewegt, Mensch zu wer-

den, ein kleines Kind, am Kreuz zu sterben und sich in der Eucharistie zu verbergen (LEW 70).
Für diesen Liebesweg sucht die ewige Weisheit Menschen, die ihrer würdig wären und sie aufnehmen könnten. Aber niemand ist fähig, sie auf die Erde herabzuholen (LEW 104). Schließlich bereitet sich die Weisheit selbst eine Frau für diese Aufgabe:

> „Die Weisheit baute sich ein Haus (Spr 9, 1), eine ihrer würdige Wohnung. Sie schuf und formte Maria im Schoß der heiligen Anna mit größerer Freude als bei der Erschaffung der Welt... Der überquellende Strom der unendlichen Güte Gottes, der seit der Erschaffung der Welt von der Sünde des Menschen gewaltsam zurückgehalten wurde, ergießt sich in machtvoller Fülle in das Herz Marias" (LEW 105–106).

Montfort erzählt die Heilsgeschichte, und in ihr hat Maria einen einmaligen Platz: „Sie wurde die Mutter, die Herrin und der Thron der göttlichen Weisheit" (LEW 203), sie ist Ort der Begegnung zwischen der Weisheit und der Menschheit.

> „Sie ist der Magnet, der die Weisheit für alle Menschen auf die Erde herabgezogen hat und sie noch immer, jeden Tag, in jede Seele herabzieht, in der Maria wohnt" (LEW 212).

Betrachtet Montfort zuerst den Weg der ewigen Weisheit zum Menschen, so wendet er sich dann dem Weg des Menschen zur Weisheit zu. Denn das christliche Leben ist ein Weg zu Christus, der Weisheit, in deren Besitz die Seligkeit besteht. Ihm, „dem kostbarsten Schatz der Menschen" (LEW 62), muß man unwiderruflich sein Herz schenken (LEW 132). Wenn die Weisheit selbst für ihren Weg zum Menschen Maria erwählt hat, dann liegt es nahe – das ist Montforts Idee –, daß der Mensch den gleichen Weg wählt und durch Maria zur Weisheit, zu Christus findet. Maria steht, so könnte man sagen, im Schnittpunkt beider Wege, dem der Weisheit zum Menschen und dem des Menschen zur Weisheit. Konkret bedeutet das für Montfort, daß nichts und niemand eine wirkungsvollere Hilfe auf diesem Weg ist als Maria. Sich ihr hingeben und in dieser Hingabe ihre Glaubens- und Lebenshaltung annehmen, macht den Menschen zu einer würdigen Wohnstatt für die Weisheit. Es bewahrt ihn zugleich vor dem Rückfall in die Weisheit der Welt, die das christliche Leben verfälscht und im Widerspruch zu Christus und seinem Evangelium steht.

Nach dem alttestamentlichen Verständnis ist die Weisheit „die Kunst, das Leben gelingen zu machen". Deshalb gaben die Weisen Ratschläge aus der alltäglichen Erfahrung, die zum Gelingen des Lebens beitragen sollten. Auch Jesus steht in dieser Tradition, wird aber im Evangelium weiser als Salomo (Mt 12, 42) genannt, weil er seine Weisheitslehren nicht nur auf das Gelingen des irdischen Lebens richtet, sondern auf unser Heil, darauf, daß wir das Himmelreich erlangen. In diesem Sinn ist die marianische Weihe an Jesus Christus für Montfort ein Weisheitsweg. Maria, die „Gott und den Menschen treu" (LEW 222) ist, hilft uns, die Weisheit zu finden und bewahrt uns in der Treue zu Jesus Christus.

Der Bundesvertrag mit Gott

1. Ich glaube fest alle Wahrheiten des Evangeliums Jesu Christi.
2. Ich entsage für immer dem Teufel, der Welt, der Sünde und mir selbst.
3. Ich verspreche, mit Hilfe der Gnade Gottes, die mir niemals fehlen wird, alle Gebote Gottes und der Kirche treu zu beobachten, jede Gelegenheit zur Todsünde zu meiden, unter anderem jede schlechte Gesellschaft.

4. Durch die Hände Marias gebe ich mich ganz Jesus Christus hin, um ihm mein Kreuz nachzutragen alle Tage meines Lebens.
5. Ich glaube, daß ich auf ewig gerettet bin, wenn ich diese Versprechen treu erfülle, daß ich aber auf ewig verloren bin, wenn ich sie nicht halte.

Unterschrift...
Geschrieben vor der Pfarrkirche von Pontchâteau am 4. Mai 1709.

L.-M. von Montfort

Die Liebesgemeinschaft zwischen Jesus und uns

Zwischen der ewigen Weisheit und dem Menschen besteht eine so tiefe Freundschaft, daß man es kaum begreifen kann. Die Weisheit ist für den Menschen da und der Mensch für die Weisheit! „Sie ist ein unendlich kostbarer Schatz für die Menschen" (Weish 7, 14) und nicht für die Engel und die anderen Geschöpfe. Die Freundschaft zwischen der Weisheit und dem Menschen hat ihren Grund darin, daß der Mensch – wie er geschaffen wurde – ein Abriß ihrer Wunder, ihre kleine und große Welt, ihr lebendiges Abbild und ihr Stellvertreter auf Erden ist. Aber seitdem die Weisheit im Übermaß ihrer Liebe selbst Mensch geworden ist und ihm ähnlich, seitdem sie sich für ihn dem Tod überliefert hat, liebt sie ihn als ihren Bruder, Freund, Jünger, Schüler, als den Preis ihres Blutes und Miterben ihres Reiches. Es tut ihr unendlich weh, wenn ihr ein Menschenherz verweigert oder entrissen wird (LEW 64).

Jesus Christus – Mittelpunkt des geistlichen Lebens

„Wenn ich in einer Welt leben müßte, die die Sache Jesu total vergessen hätte, möchte ich lieber gar nicht leben..."

Dieses Wort von M. Machovec, der sich offen zum Atheismus bekennt, ist ein Zeugnis für die Bedeutung, die Jesus von Nazaret für die Welt hat. Das Interesse an der Person Jesu ist auch heute nicht gering, und viele, die zwar die Fehler der Kirche scharf kritisieren, nehmen die Person Jesu aus ihrem negativen Urteil aus. Aber Jesus ist mehr als ein großer Mensch, ein bedeutender Humanist, mehr auch als ein Prophet und Weisheitslehrer. Auf die Frage: „Für wen haltet ihr mich?" gibt Petrus die Antwort des Glaubens: „Du bist der Messias, der Sohn des lebendigen Gottes" (Mt 16, 16), und der Apostel Thomas, der zuerst seine Vorbehalte überwinden mußte, bekennt vor Jesus: „Mein Herr und mein Gott" (Joh 20, 28). Der Glaube des Thomas ist persönlich geworden, Jesus Christus ist von da an „sein" Herr und Gott. Die neutestamentlichen Schriften betonen immer wieder, daß Jesus nicht nur der Höhepunkt der Geschichte Gottes mit den Menschen ist, sondern auch der Mittelpunkt des Kosmos und Brennpunkt im Leben der Gläubigen. Pierre de Bérulle († 1629), dessen Schriften die französische Theologie des 17. Jahrhunderts zutiefst beeinflußt haben – auch Montfort greift oft auf seine Gedanken zurück –, beschreibt die Stellung, die Jesus Christus im geistlichen Leben zuerkannt werden muß:

„Jesus ist die Sonne in ihrer ganzen Pracht, die feststeht und alle Dinge bewegt... Jesus ist der wahre Mittelpunkt der Welt, und die Welt muß in ständiger Bewegung zu ihm hin sein. Jesus ist die Sonne der Seelen, die von ihm jede Gnade, jede Erleuchtung, jede Eingebung empfangen. Und das Land unserer Herzen muß sich unaufhörlich um ihn drehen."

Von diesem Wort angeregt, hat Montfort das gleiche auf seine Weise zum Ausdruck gebracht und sich dabei eng an das Neue Testament gehalten:

„Jesus Christus ist Alpha und Omega, Anfang und Ende aller Dinge... Er ist der einzige Lehrer, der uns lehren soll, der einzige Herr, von dem wir abhängen sollen, das einzige Haupt, mit dem wir verbunden sein sollen, das einzige Vorbild, dem wir nacheifern sollen, der einzige Arzt, der uns heilen soll, der einzige Weg, der uns führen soll, die einzige Wahrheit, der wir Glauben schenken sollen, das einzige Leben, das uns erfüllen soll, das ein und alles, das uns genügen muß... Außer dem Namen Jesu gibt es keinen anderen Namen unter dem Himmel, durch den wir gerettet werden sollen. Gott hat uns keine andere Grundlage für unser Heil, unsere Vollkommenheit und unsere Herrlichkeit gegeben als Jesus Christus" (WMV 61).

Und die Abschnitte in seiner Schrift *Die Liebe zur ewigen Weisheit*, die er der ewigen, menschgewordenen Weisheit Jesus Christus widmet, gehören zu den schönsten Passagen in seinen Schriften überhaupt. Die montfortanische Marienverehrung respektiert die zentrale Stellung Christi. Montfort formuliert es auf seine Weise, wenn er feststellt, daß Maria zwar der „Thron der Weisheit", aber nicht die Weisheit selbst ist. Wenn die Marienverehrung, in welcher Gestalt auch immer, ihre Berechtigung in der Kirche hat, dann nur, wenn sie von Christus ausgeht und zu ihm hinführt. Deshalb betont Montfort mit Nachdruck:

„Wenn wir deshalb eine gesunde Marienverehrung begründen, dann nur, um die Verehrung Jesu Christi voll-

kommener zu gestalten und nur um ein leichtes und sicheres Mittel anzugeben, Jesus Christus zu finden...
Die Marienverehrung ist für uns einzig und allein deshalb notwendig, daß wir Jesus Christus vollkommen finden, ihn von ganzem Herzen lieben und ihm treu dienen" (WMV 62).

Das nimmt der Marienverehrung nicht ihre Bedeutung, gibt ihr aber wohl den rechten Stellenwert. Es macht aus ihr

„ein wirksames Mittel, zur ‚vollen Erkenntnis des Sohnes Gottes zu gelangen, damit wir Christus in seiner vollendeten Gestalt darstellen' (Eph 4, 13), und trägt dazu bei, die Christus geschuldete Verehrung wachsen zu lassen" (Paul VI., MC 25).

Daß die gesunde Marienverehrung die Gläubigen nicht von Christus ablenkt oder gar entfernt, hat für Montfort seinen Grund in der engen Verbundenheit von Sohn und Mutter. Das Neue Testament wahrt immer den Vorrang Christi und seine messianische Transzendenz, zeigt aber zugleich die Verbundenheit von Christus und Maria im Heilswerk. Maria gibt in Freiheit ihre Zustimmung zum Heilswerk und stellt sich ganz in den Dienst Jesu. Deshalb sagt das Konzil:

„So ging auch die selige Jungfrau den Pilgerweg des Glaubens. Ihre Vereinigung mit dem Sohn hielt sie in Treue bis zum Kreuz, wo sie nicht ohne göttliche Absicht stand" (LG 58).

Montfort ist von Marias Verbundenheit mit Christus während ihres ganzen Lebens überzeugt (WMV 18), bleibt aber bei dieser äußerlichen Betrachtungsweise nicht stehen. Weil Gott in seiner absoluten Freiheit Maria zur Mutter und Gefährtin seines Sohnes erwählt hat, so will er auch, daß sie freiwillig in eine solche Verbindung mit ihm eintritt, wie sie kein anderes Geschöpf erreicht. Mit seinem geistlichen Auge blickt Montfort tiefer in die Persönlichkeit Marias hinein. Durch die Gnade ist sie so in das Leben ihres Sohnes verwandelt, daß es menschlich nicht mehr begreifbar ist: „Hier verstummt alles" (WMV 12). Montfort greift das Wort des Apostels Paulus auf: „Nicht mehr ich lebe, sondern Christus lebt in mir" (Gal 2, 20) und überträgt es auf Maria:

> „Du, Herr, bist immer mit Maria, und Maria ist immer mit dir. Sie kann nicht ohne dich sein, sonst wäre sie nicht mehr, was sie ist. Sie ist durch die Gnade so in dich verwandelt, daß nicht mehr sie lebt und ist. Du allein, mein Jesus, lebst und herrschst in ihr vollkommener als in allen Engeln und Heiligen" (WMV 63).

Maria ist durch die Gnade so eins mit dem Herrn, daß sie nur noch Beziehung zu Gott ist. Ihre Person ist so in das Leben des Geistes verwandelt, daß es ihr unmöglich ist, etwas anderes zu tun, als uns zum Leben Gottes zu führen. Kein Geschöpf ist so erfüllt von Gottes Gnade, so sehr aktiver Teilhaber an Tod und Auferstehung Jesu wie Maria. Maria, das „Meisterwerk des Allerhöchsten" (WMV 5; 50; 115), ist das Wunder der Erlösung. Sie ist so sehr vom Leben Gottes erfüllt, daß sie es anderen mitteilen kann.

Deshalb kann eine wahre Marienverehrung nicht in Konkurrenz zu Christus geraten. Maria bleibt Mutter, Dienerin, Magd ihres Herrn und Gottes: „Dem Herrn wird gegeben, was im Dienst der Magd hingegeben wird; auf den Sohn geht über, was der Mutter zugesagt wird" (Ildefons von Toledo). Weil Maria nur für Christus lebt, weil sie in ihrem tiefsten Wesen ganz eins mit ihm ist, kann man sie nicht betrachten, ohne zugleich an den einzigen Pol ihres Lebens verwiesen zu sein: an Jesus Christus.

Gebet des heiligen Augustinus zu Jesus Christus

(Ich habe dieses wunderbare Gebet aufgeschrieben, damit man es jeden Tag bete, um die Liebe Christi zu erbitten, die wir mit Hilfe Marias finden wollen.)

Christus, du bist mein heiliger Vater, mein barmherziger Gott, mein mächtiger König, mein guter Hirt.
Du bist mein fürsorglicher Helfer, mein einziger Lehrer, mein wunderbarer Freund, mein Lebensbrot, mein Priester in Ewigkeit, mein Führer in das Heimatland.
Du bist mein wahres Licht, meine heilige Liebe, mein gerader Weg, meine tiefe Weisheit, meine reine Einfachheit.
Du allein bist mein Friede, meine Sicherheit, mein Erbe, mein ewiges Heil.
Christus, lieber Herr, warum habe ich je in meinem Leben etwas anderes als dich geliebt und begehrt? Wo war ich, wenn meine Gedanken fern von dir waren? Aber wenigstens von nun an, all ihre Kräfte meines Herzens, entflammt euch und strebt zu Jesus! Eilt, denn ihr habt schon zu lange gezögert! Eilt, das Ziel zu erreichen! Sucht nun wirklich den, den ihr ersehnt!
Jesus, wer dich nicht liebt, ist ausgeschlossen aus der Gemeinschaft deiner Kirche, und sein Herz ist voller Bitterkeit. Möge jeder Mensch mit einem guten und aufrichtigen Herzen dich lieben und in dir seine Wonne finden!
Christus, du Gott meines Herzens und mein Erbteil, lebe ganz in mir! Das Feuer deiner Liebe entzünde sich in mir und brenne unaufhörlich auf dem Altar meines Herzens. Es durchdringe mein innerstes Wesen und verzehre meine verborgene Selbstsucht, damit ich ganz eins werde mit dir. Amen (WMV 67).

Mit Maria am Taufbrunnen

Papst Johannes Paul II. sieht ein grundlegendes Problem unserer Zeit in der mangelnden Treue zu den Taufversprechen:

> „Es gibt nur ein Problem: unsere Treue zum Bund mit der ewigen Weisheit, der Quelle wahrer Kultur, der Quelle menschlichen Wachstums, und das Problem unserer Treue zu dem Versprechen, das wir bei unserer Taufe im Namen des Vaters und des Sohnes und des Heiligen Geistes gegeben haben" (1. 6. 1980).

Zwar sind in unseren westlichen Ländern noch immer die meisten Erwachsenen getauft, aber nur wenige leben aus einer echten Glaubensentscheidung heraus. Für viele ist die Taufe nur ein zufälliges Datum in ihrer Lebensgeschichte. Sie übernehmen eine Tradition, ohne ihren eigentlichen Wert zu kennen. Vielleicht liegt hier ein Grund, warum in der christlichen Welt vieles geschieht, was mit dem Evangelium Jesu Christi nicht in Einklang zu bringen ist...
Auch Montfort kam in seiner Zeit zu dem Schluß, daß viele Christen ein Leben führten, das mit der Taufe nicht ernst machte. Die französische Kirche hatte zwar im 17. Jahrhundert bemerkenswerte Anstrengungen unternommen, das kirchliche Leben nach den Richtlinien des Konzils von Trient zu erneuern. Priesterseminare waren eingerichtet, Armen- und Krankenfürsorge aufgebaut, religiöse Schriften verbreitet und die Bevölkerung in zahlreichen Volksmissionen evangelisiert worden. Die religiöse Unwissenheit war überall zurückgegangen. Aber für Montfort war etwas anderes bedeutsamer. Sein Kriterium war

die Treue zu Christus, und unter diesem Gesichtspunkt mußte er feststellen, daß viele nur dem Namen nach Christen waren, aber nicht wie Getaufte lebten. Er erwähnt den Gedanken des heiligen Augustinus, das größte und bedeutendste Gelübde sei das Taufgelübde, und fragt dann besorgt:

> „Aber wer beobachtet dieses große Gelübde? Wer bleibt seinem Taufversprechen treu? Brechen nicht fast alle Christen die Treue, die sie Jesus Christus bei der Taufe versprochen haben? Woher kommt diese allgemeine Unordnung, wenn nicht daher, daß man das Versprechen und die Verpflichtungen der heiligen Taufe vergißt und daß kaum jemand von sich aus den Bundesvertrag, den seine Taufpaten stellvertretend für ihn mit Gott geschlossen haben, auch persönlich annimmt?" (WMV 127).

Die Frage Montforts hat nicht an Aktualität verloren, und auch wir müssen zugeben, daß wir „getreue Untreue" sind und oft nicht das leben, was die Taufe in uns bewirkt hat: daß wir Anteil haben am Priestertum, am Königtum und am Prophetentum Christi. Es ist deshalb damals wie heute wichtig, daß wir unser Wissen und unser Bewußtsein von der Taufe vertiefen. Montfort will „die Christen zur Erneuerung des Taufgelübdes hinführen" (WMV 128) und fordert dazu auf, daß wir uns am Taufbrunnen auf unsere Taufe besinnen und uns entschließen, unser Leben neu danach auszurichten. Aber er rät dazu, nicht allein zum Taufbrunnen zu gehen, sondern die Begleitung Marias zu suchen. Sie soll uns als Mutter und Vorbild vorangehen.

Rückbesinnung auf die Taufe

Die Bedeutung der Taufe läßt sich – ausgehend vom Neuen Testament – so beschreiben: „Sie ist eine Brücke, die den Bogen schlägt vom Erlösungstod Jesu zu uns und uns zu ‚Zeitgenossen' von Tod und Auferstehung Jesu werden läßt" (R. Padberg). Im Römerbrief schreibt Paulus:

> „Wir wurden mit ihm begraben durch die Taufe auf den Tod; und wie Christus durch die Herrlichkeit des Vaters von den Toten auferweckt wurde, so sollen auch wir als neue Menschen leben" (6, 4).

Paulus will damit verdeutlichen, daß das österliche Geheimnis Christi, sein Tod und seine Auferstehung, für uns wirksam wird durch die Taufe. Sie ist Ort der Begegnung mit dem gekreuzigten und auferstandenen Herrn, durch die wir zum neuen Leben der Kinder Gottes geboren werden. Christus schenkt dem Getauften das göttliche Leben und die Liebe der Gotteskindschaft: Wir werden „Söhne im Sohn". Christus entreißt uns dem Tod und der Finsternis und schenkt uns den heiligmachenden Geist. In ihm sind wir „heilig, auserwählt und geliebt" (vgl. Phil 1, 1; Kol 3, 12), damit wir einen einzigen Leib bilden: das Volk, das Gott geweiht ist (1 Kor 12, 13; 1 Petr 2, 9–10).

Wir werden „auf den Namen Jesu" (Apg 2, 38; 8, 16) getauft. Das bedeutet nicht nur, daß wir seinen Namen tragen, sondern daß wir dem auferstandenen Herrn gehören. Der Taufbefehl, den Jesus den Aposteln hinterlassen hat: „Macht alle Menschen zu meinen Jüngern; tauft sie auf den Namen des Vaters und des Sohnes und des Heiligen Geistes" (Mt 28, 19), erweitert die christologische Aussage. Durch die Taufe sind wir dem dreifaltigen Gott geweiht, erhalten Anteil am göttlichen Leben und sind in die Liebesgemeinschaft des dreifaltigen Gottes hineingenommen.

Maria – die Mutter der Getauften

Das für die Taufe aus dem Evangelium entlehnte Bild von der Wiedergeburt hat schon früh den Gedanken aufkommen lassen, daß die Kirche eine mütterliche Aufgabe hat, denn sie läßt im Heiligen Geist die Menschen für Gott geboren werden. Urbild der Kirche und ihr Vorbild in dieser mütterlichen Aufgabe ist Maria. Schon Augustinus sagt, daß Maria in ihrem irdischen Leben „in Liebe mitgewirkt hat bei der Geburt der Gläubigen in der Kirche". Jesus selbst hat sie zur Mutter aller seiner Jünger gemacht, die im Lieblingsjünger Johannes verkörpert sind (Joh 19, 25–27). In ihrem ewig verherrlichten Sein besteht ihre Aufgabe als Mutter darin, daß sie in „mütterlicher Liebe bei der Geburt und Erziehung der Gläubigen" (LG 63) mitwirkt.

Mit vielen Kirchenvätern dürfen wir das so deuten, daß Maria bei der Taufe, durch die die Menschen zum neuen Leben für Gott geboren werden, mitwirkt. Man könnte auch sagen, daß sie als Mutter am Taufbrunnen zugegen ist, wenn wir Kinder Gottes und zugleich Kinder der Kirche – und Marias – werden.

Als Mutter begleitet sie ihre Kinder mit ihrer Fürbitte und ihrer innigen und erfinderischen Liebe:

> „In ihrer mütterlichen Liebe trägt sie Sorge für die Brüder ihres Sohnes, die noch auf der Pilgerschaft sind und in Gefahren und Bedrängnissen weilen, bis sie zur ewigen Heimat gelangen" (LG 62).

Als Erzieherin hilft sie durch ihren heilsamen Einfluß und ihr Beispiel den Gläubigen, in der Ausübung ihrer priesterlichen, königlichen und prophetischen Sendung, die in der Taufe ihren Ursprung hat, treu zu bleiben.

1. Der Getaufte erfüllt sein *priesterliches Amt*, indem er aktiv an der Liturgie teilnimmt und sein ganzes Leben zu einem Dienst für Gott macht. Maria gibt ein vollkomme-

nes Beispiel für echte Teilnahme an der Liturgie, denn sie hat auf das Wort Gottes gehört, sie hat gebetet und geopfert, und sie hat geistliche Frucht gebracht. Sie lehrt uns, unser eigenes Leben in einen Gott wohlgefälligen Gottesdienst zu verwandeln, weil sie in dienender Liebe stets den Willen Gottes erfüllt hat.

2. Der Getaufte folgt Christus, dem *Propheten*, indem er der Welt von heute in Wort und Tat das Reich Gottes verkündet. Wie Maria es im Magnifikat getan hat, betrachtet er die Geschichte, um in den geschichtlichen Ereignissen den Heilsplan Gottes zu erkennen und dann zu verkünden, daß der Herr sich der Demütigen und Unterdrückten annimmt und die Mächtigen vom Thron stürzt. Der Getaufte stellt sich auf die Seite aller Benachteiligten, um die Befreiung der ganzen Menschheit anzukündigen.

3. Sein *königliches Amt* übt der Getaufte aus, wenn er die Kräfte des Bösen siegreich beherrscht und an der neuen Welt der Gerechtigkeit, des Friedens und der Brüderlichkeit mitbaut. Dabei ist ihm Maria Beispiel und Hilfe, denn sie hat keinerlei Gemeinsamkeit mit der Sünde. Sie ist der Tempel des Heiligen Geistes und die Erste der neuen Schöpfung, in der Gnade und Versöhnung herrschen.

> „Wie könnten wir unsere Taufe leben, ohne auf Maria zu schauen, die Gebenedeite unter den Frauen, die so empfänglich für Gottes Gaben gewesen ist? Christus hat sie uns zur Mutter gegeben. Er hat sie uns als Mutter der Kirche gegeben... Jeder Katholik vertraut ihr ganz frei seine Gebete an und weiht sich ihr, um sich besser Gott zu weihen" (Johannes Paul II., 1. 6. 1980).

Wir gehören zu Jesus Christus

Ausgehend von dem, was Jesus Christus für uns ist, müssen wir schließen, daß wir, wie der Apostel sagt, nicht uns selbst gehören, sondern Jesus Christus. Wir sind seine Glieder und seine Sklaven, die er unendlich teuer, um den Preis seines Blutes, erkauft hat. Vor der Taufe waren wir dem Teufel als seine Sklaven zu eigen; die Taufe hat uns zu wirklichen Sklaven Jesu Christi gemacht, die nur noch leben, arbeiten und sterben dürfen, um für den Gottmenschen Frucht zu bringen. Wir sollen ihn in unserem Leib verherrlichen, ihn zum Herrscher machen in unserer Seele, denn wir sind seine Siegesbeute, das Volk, das er sich erworben hat, und sein Erbe. Deshalb auch vergleicht der Heilige Geist uns mit Bäumen, die an den Wassern der Gnade gepflanzt sind und zur rechten Zeit Frucht bringen sollen; mit Reben, deren Weinstock Jesus Christus ist und die süße Trauben tragen sollen; mit einer Herde, deren Hirt Jesus Christus ist und die sich mehren und Milch geben soll; mit gutem Erdreich, das von Gott bebaut wird und in dem die Aussaat sich vervielfacht und dreißig-, sechzig- oder hundertfache Frucht bringt. Jesus Christus hat den unfruchtbaren Feigenbaum verflucht und den unnützen Knecht, der sein Talent nicht ausgewertet hat, verdammt. Das alles beweist, daß Jesus Christus von uns armseligen Menschen Früchte ernten will: unsere guten Werke; denn diese guten Werke gehören ihm allein. „Geschaffen zu guten Werken in Christus Jesus" (Eph 2, 10). Dieses Wort des Heiligen Geistes besagt, daß Jesus Christus alleiniger Urgrund und letztes Ziel all unserer guten Werke ist und daß wir ihm nicht nur wie bezahlte Knechte, sondern wie Liebessklaven, also in Liebe und Hingabe, dienen sollen. Das will ich noch erläutern (WMV 68).

Die Treue zum Taufgelübde

Papst Johannes Paul II. hat den französischen Katholiken eine herausfordernde Frage gestellt:

„Frankreich, älteste Tochter der Kirche, bist du dem Taufgelübde treu geblieben?" (1. 6. 1980).

Wenn wir diese Frage auf uns beziehen, müssen wir wohl alle unsere Inkonsequenz zugeben. Wir sind nicht immer und in allem Christus, seinem Evangelium, seinem Geist gefolgt, wir sind nur „Christen auf Raten" gewesen. Der Blick auf die Gesellschaft, in der wir leben, läßt deutlich werden, daß die Kluft zwischen der Welt von heute und dem Reich Gottes sehr tief ist. Die Zukunft der Menschheit ist von vielen Gefahren bedroht; wenn die Gesellschaft in vielen Bereichen nicht eine neue Richtung einschlägt, könnte es vielleicht zu spät sein.
Der Christ ist beim Blick in die Vergangenheit ebenso wie in die Zukunft auf den Ursprung seines Christseins verwiesen, auf die Taufe. Der Blick zurück lenkt die Aufmerksamkeit auf das, was Gott an uns getan hat, der Blick nach vorn auf die endgültige Vollendung dessen, was in der Taufe begonnen hat. Nur wenn wir in Übereinstimmung leben mit dem, was in der Taufe an uns geschehen ist, können wir – und mit uns die Welt – Hoffnung und Heil und Zukunft finden.
Dieser Zusammenhang veranlaßt Montfort dazu, eine enge Verbindung zwischen Marienverehrung und den Ansprüchen und Verpflichtungen, die aus der Taufe hervorgehen, herauszustellen. Für ihn ist die Weihe an Maria nicht eine Form geistlichen Lebens, die dem Christsein zusätzlich noch übergestülpt wird oder gar an seine Stelle

tritt. Die marianische Weihe ist gelebtes Christsein, denn sie ist nach Montforts Überzeugung nichts anderes als „eine vollkommene Erneuerung des Taufgelübdes" (WMV 120). Wir wollen versuchen, den Sinn dieser Aussage zu erschließen.

In der einen Weihe an Jesus Christus

Montforts missionarische Predigt hat als Ziel die ganzheitliche Bekehrung des Menschen zu Christus. Zur Erreichung dieses Zieles empfiehlt er auch und vor allem die Marienverehrung. Die marianische Weihe bleibt deshalb nicht bei Maria stehen, sondern ist Mittel auf dem Weg zu einer tieferen Verbundenheit mit Christus. Denn Montfort war sich bewußt, daß es im christlichen Leben eigentlich nur eine einzige Weihe gibt. Sie geschieht in der Taufe, durch die Gott uns in seine Heiligkeit beruft. Getauft „auf den Namen Jesu" (Apg 2, 28; 8, 16; Röm 6, 3; Gal 3, 27), erkennt der Christ die Autorität Jesu an, wird Eigentum des auferstandenen Herrn, gehört in sein Reich und steht unter seinem Schutz. Deshalb hat der Christ teil an Jesus selbst, an seinem Leben, an seinem Geist, an seiner Sohnesbeziehung zu Gott.
Das II. Vatikanische Konzil sagt, daß der Gläubige schon „durch die Taufe der Sünde gestorben und Gott geweiht ist" (LG 44), das heißt, er ist vereint mit Christus und hat Anteil an dessen dreifacher Sendung als Priester, König und Prophet (LG 10–12). Der Christ wird durch die Salbung mit dem Heiligen Geist geweiht (2 Kor 1, 21; 1 Joh 2, 20.27). Er ist Glied der Kirche, die ein „auserwähltes Geschlecht, eine königliche Priesterschaft, ein heiliger Stamm, ein Volk ist, das Gottes Eigentum wurde, damit es seine großen Taten verkünde..." (1 Petr 2, 9). Die Taufe ist daher die grundlegende Weihe, die unsere unlösbare Verbundenheit mit Christus besiegelt.

Das unverdiente und zuvorkommende Wirken Gottes in dieser Weihe entpflichtet den Christen nicht davon, mit tätiger und verantwortlicher Liebe zu antworten. Dem Geweiht-Sein entspricht ein Sollen, die Pflicht, auch wie ein Geweihter zu leben: „Wie er, der euch berufen hat, heilig ist, so soll auch euer ganzes Leben heilig werden. Denn es steht geschrieben: Seid heilig, denn ich bin heilig" (1 Petr 1, 15–16).

Jede Gabe des Menschen an Gott hat immer antwortenden und mitwirkenden Charakter. „Der Verpflichtung Gottes entspricht die Verpflichtung des Menschen; wenn Gott vom Menschen Besitz ergreift, so besteht die Antwort in einer Liebe, die sich ergreifen läßt und sich hingibt" (J. Galot). So wird verständlich, warum die Taufliturgie seit der Antike den feierlichen Ritus des Taufgelübdes kennt, der zwei Teile hat: die Absage an den Teufel und das Bekenntnis des Christusglaubens. Die grundlegende und unwiderrufliche Entscheidung für Christus als einzigem Lehrer und Erlöser ist wesentlich für den Christen, der in Übereinstimmung mit der neuen Lebenswirklichkeit der Getauften leben will.

Die Glaubensentscheidung, die vom Täufling verlangt wird, besteht nicht nur darin, an der im Evangelium überlieferten Wahrheit festzuhalten. Sie ist weitaus verpflichtender, denn sie ist eine „Fundamentaloption", das heißt eine grundlegende und richtungsweisende Entscheidung, die im Gewissen gereift ist und die dem Leben Einheit und Sinn verleiht. Denn echter Glaube besteht darin, daß „sich der Mensch Gott als ganzer in Freiheit überantwortet" (Konstitution über die Offenbarung, 5). Mit dieser ganzheitlichen Hingabe weiht sich der Mensch Gott und Jesus Christus: „Glaubt an Gott und glaubt an mich" (Joh 14, 1). Das Taufgelübde ist der formale Ausdruck dieser Hingabe; wir verpflichten uns, die Ansprüche, die sich aus der Bekehrung von den Sünden und aus dem neuen Leben in der Nachfolge Christi ergeben, zu erfüllen.

Maria und die Treue zum Taufgelübde

In diese Weihe an Jesus Christus ordnet Montfort die Ganzhingabe, die Weihe an Maria ein. Aus zwei Gründen stellt er diese Weihe dar als eine „vollkommene Erneuerung des Taufgelübdes" (WMV 120).

> 1. „Während man bei der Taufe für gewöhnlich durch den Mund anderer spricht, das heißt durch den Mund der Paten, und sich Jesus Christus lediglich durch einen Stellvertreter hingibt, handelt man hier persönlich, freiwillig und bewußt" (WMV 126).

Die von Montfort vorgeschlagene Weihe ist eine freie und verantwortete Handlung des Menschen, der sich Christus hingibt in Übereinstimmung mit der Weihe, die er in der Taufe empfangen hat. Mit der Weihe an Maria macht man – wie Montfort feststellt – den Schritt zu einem persönlich angenommenen und gelebten Christsein. Auch wenn die Taufe eine echte Weihe des Menschen bewirkt und ihn in die Gotteskindschaft führt, so gibt es dennoch keine Selbsthingabe an Gott ohne persönliche Entscheidung, die in Freiheit und Liebe getroffen werden muß. Montfort wendet sich an erwachsene Menschen und verlangt von ihnen diese ganzheitliche Selbsthingabe, die menschliche wie geistliche Reife voraussetzt und die in der Taufe empfangene Weihe zur Vollendung bringt. Wer sich mit Montfort Maria weiht, verpflichtet sich für Christus und erkennt ihn für immer als den Herrn seines Lebens an.

> 2. „In der Taufe geben wir uns Jesus Christus nicht hin durch die Hände Marias, zumindest nicht ausdrücklich... Mit dieser Frömmigkeit hingegen geben wir uns Jesus Christus ausdrücklich durch Maria hin und weihen ihm den Wert all unserer guten Werke" (WMV 126).

Die Erneuerung des Taufgelübdes durch die Weihe wird dadurch vervollkommnet, daß man, „um sich Jesus Christus zu weihen, sich des vollkommensten aller Mittel bedient: der Jungfrau Maria" (WMV 130).

Montfort orientiert sich auch in seinem praktischen Denken an der Heilsgeschichte, wie sie wirklich ist. In der gegebenen Heilsordnung hat Gott in seiner absoluten Freiheit gewollt, daß Maria die Mutter des Erlösers ist. Montfort verlangt deshalb, daß wir bei der Erneuerung des Taufgelübdes die Rolle Marias in der Heilsgeschichte, und damit in unserer Erlösung, ausdrücklich anerkennen. Maria ist der königliche Weg, den Gott gewählt hat, um zu den Menschen zu gelangen. Sie ist deshalb für Montfort zugleich der gerade und vollkommene Weg, sie ist das „Mittel", durch das die Menschen das vertraute Zusammensein mit dem Vater durch Christus im Heiligen Geist erreichen können.

Die Lehre des Konzils von Maria als dem „Urbild" der Kirche, also als dem idealen und vollkommenen Bild der Kirche, läßt uns diesen Gedanken Montforts besser verstehen. Maria schenkt der Kirche die Möglichkeit, leichter zu erkennen, was sie in Wirklichkeit ist, und so ihrem Ideal näher zu kommen. Wenn die Kirche zu Maria aufschaut und sie in ihrem irdischen und in ihrem verherrlichten Leben betrachtet, dann wird sie, was sie nach dem Willen des Herrn sein soll: jungfräuliche Braut, die Christus ihr liebendes Ja-Wort gibt, und Mutter, die Christus in den Seelen hervorbringt.

In der marianischen Weihe anerkennen wir ausdrücklich die einzigartige mütterliche Aufgabe, die Gott ihr in der Heilsgeschichte übertragen hat. Ihre Mütterlichkeit gibt uns den Mut, ihr alles anzuvertrauen, um Jesus Christus nahe zu sein und ihm nachzufolgen.

Die vollkommene Erneuerung des Taufgelübdes

Unsere ganze Vollkommenheit besteht darin, Christus ähnlich, mit ihm vereint und ihm geweiht zu sein. Ohne Zweifel ist deshalb die vollkommenste aller Frömmigkeitsformen diejenige, die uns am meisten Jesus Christus angleicht, mit ihm vereint und ihm weiht. Da nun aber Maria von allen Geschöpfen Christus am ähnlichsten ist, so folgt daraus, daß die Marienverehrung von allen Frömmigkeitsformen am meisten mit Christus vereint und ihm weiht. Je mehr wir also Maria geweiht sind, desto mehr sind wir auch Christus geweiht.

Die vollkommene Weihe an Jesus Christus ist deshalb nichts anderes als eine vollkommene und ganzheitliche Weihe an Maria. Anders gesagt, sie ist eine vollkommene Erneuerung des Taufgelübdes. Das ist die Frömmigkeitsform, die ich lehre.

Der heilige Thomas schreibt: „In der Taufe geloben die Menschen, dem Teufel und seinem Gepränge zu entsagen und an Christus zu glauben." Der heilige Augustinus sagt, dieses Gelübde sei das größte und notwendigste ... Aber wer beobachtet dieses große Gelübde? Wer bleibt dem Taufversprechen treu? Brechen nicht fast alle Christen die Treue, die sie Jesus Christus in der Taufe versprochen haben?

Wenn uns deshalb die Konzilien, die Kirchenväter und unsere Erfahrung nahelegen, daß das beste Mittel, diese Unordnung im christlichen Leben zu heilen, darin besteht, die Christen an die in der Taufe übernommenen Verpflichtungen zu erinnern und sie das Taufgelübde erneuern zu lassen, ist es dann nicht vernünftig, es nun auf eine vollkommene Weise zu tun, nämlich durch die Weihe an Jesus Christus durch seine heilige Mutter? Ich spreche von einer vollkommenen Weise, denn hier bedient man sich, um sich Jesus Christus zu weihen, des vollkommensten aller Mittel: der Jungfrau Maria (WMV 120; 127; 130).

Die Ganzhingabe an die verherrlichte Jungfrau Maria

In einer Welt, die immer enger zusammenrückt, empfinden wir um so stärker, wie unmöglich es ist, sich abzukapseln in Isolation und egoistischen Plänen. Wir sollten uns bewußt machen, was uns untereinander verbindet und daß es unmöglich ist, eine echte Persönlichkeit zu werden und eine bessere Welt aufzubauen ohne tiefe Liebe zu unseren Mitmenschen.

„Niemand ist eine Insel" und „Jeder Mensch ist mein Bruder" (Paul VI.), das sind Schlagworte, die auch uns als Christen und Menschen unserer Zeit immer deutlicher auszeichnen sollten. In der Pastoralkonstitution „Die Kirche in der Welt von heute" heißt es:

> „Der Mensch, der auf Erden die einzige von Gott um seiner selbst willen gewollte Kreatur ist, kann sich selbst nur durch die aufrichtige Hingabe seiner selbst vollkommen finden" (GS 24).

Wenn der Mensch aus dem engen Kreis des eigenen Ichs heraustritt, um sich dem anderen zu öffnen und sich von ihm anrühren zu lassen, wenn er bereit wird, den anderen anzunehmen und sich ihm hinzugeben, dann erst offenbart er sich als Person.

Eine Person, die der Ganzhingabe würdig ist

Wenn der Grad der Reife eines Menschen durch seine Fähigkeit zu hingebender Liebe bestimmt ist und wenn die Vollkommenheit des Christen entsprechend dem Beispiel

Christi in der Liebe zu den Brüdern und Schwestern besteht (Joh 13, 34; 15, 12), dann besteht auch eine vollkommene Beziehung zu Maria in der Hingabe an sie.
Dazu lädt Montfort ein, wenn er die vollkommene Marienverehrung als bleibende Ganzhingabe an Maria beschreibt, die in die gläubige Hingabe an Jesus Christus ein- und auf sie hingeordnet ist (vgl. WMV 121). Montfort erlaubt nicht, daß irgend etwas aus dieser Hingabe ausgeklammert wird. Sie soll uneigennützig sein und den ganzen Menschen mit all seinen Wirklichkeiten umfassen, der physischen wie psychischen, der materiellen wie der geistigen und geistlichen. Kurz, man soll Maria das ganze eigene Leben für Zeit und Ewigkeit überlassen.
Eine solch umfassende Hingabe kann sich im strengen Sinn nur an Gott richten, denn sie ist Ausdruck einer Liebe, die über alles andere hinausgeht und allein Gott zukommt. Wie ist deshalb zu verstehen, wenn Montfort verlangt, daß wir unser ganzes Leben und Handeln, allen materiellen und geistigen Besitz mit einem geschaffenen Wesen teilen sollen, auch wenn es so heilig ist wie Maria?
Die Antwort auf diese Frage finden wir, wenn wir uns noch einmal auf den Heilsplan Gottes besinnen und auf die Rolle, die Maria in diesem Plan zukommt. Gott erwählt Maria, um Großes an ihr zu tun (Lk 1, 49). Sie lebt als armes Mädchen in einem besetzten Land, wie jeder andere den Schmerzen und Nöten des Lebens ausgeliefert. Sie gibt ihre Zustimmung zu der ihr von Gott zugedachten Aufgabe, Mutter des Erlösers zu werden, und weiht ihr ganzes Leben Jesus Christus. Sie ist nicht nur Erzeugerin, sondern Mutter des Gottessohnes und wird so zugleich Mutter des neuen Menschen, in den nach Gottes Plan alle Menschen umgestaltet werden sollen. Jesus Christus selbst bestätigt ihre universale Mutterschaft und gibt sie vom Kreuz herab seinen Jüngern als Mutter. Maria ist eine der Gaben, die die Jünger von Jesus empfangen.
Die Kirche bekennt, daß Maria nach ihrem irdischen Le-

ben mit Leib und Seele in den Himmel aufgenommen ist. Sie lebt seitdem in der Herrlichkeit Gottes, und ihr Sein entspricht dem, was das Neue Testament über den auferstandenen Herrn und über die Leiber der Auferstandenen sagt.

Jesus hat nach seiner Auferstehung einen konkreten Leib, ist aber nicht mehr den gewöhnlichen Bedingungen irdischen Lebens unterworfen: Er kommt bei verschlossenen Türen in das Obergemach (Joh 20, 19.26), er ist nicht mehr den Gesetzen des Raumes unterworfen, denn er erscheint in kurzen Abständen den Jüngern von Emmaus, dem Petrus, dann allen Aposteln (Lk 24, 15.33–36). Bedeutsamer ist, daß Jesus nach seiner Auferstehung eingesetzt wird als „Herr und Christus" (Apg 3, 26), „Herrscher und Retter" (Apg 5, 31) und Spender des Geistes (Joh 20, 22; Apg 2, 33).

Auf ähnliche Weise unterscheiden sich die verherrlichten von den natürlichen Leibern, denn sie sind „unverweslich, herrlich, stark und überirdisch" geworden. Sie sind durch die Herrlichkeit des Geistes derart verwandelt, daß sie das gleiche göttliche Leben mitteilen können (vgl. 1 Kor 15, 42–45).

Das alles gilt auch für die von Gott verherrlichte Jungfrau Maria. Sie ist wirklich frei, denn sie ist von den beiden schrecklichsten Übeln, von Sünde und Tod, befreit. Sie ist ganz und gar erfüllt vom Leben Gottes, so daß sie es an die Menschen weitergeben kann. Sie ist das menschliche Geschöpf, das in seinem verherrlichten Sein jenseits der Grenzen von Raum und Zeit in unserer Welt gegenwärtig sein kann. Und sie ist und bleibt zugleich die Mutter der neuen Menschen, die mitwirkt, das göttliche Leben an die Menschen weiterzugeben. Es ist diese Kraft des österlichen Geheimnisses, die begnadete Seherinnen wie Bernadette und Lucia erfahren haben, als sie Maria sahen. Sie waren von dieser Erfahrung für ihr ganzes Leben gezeichnet.

Aufgabe und Stellung Marias in der Heilsgeschichte eröffnen uns den Zugang zum Verständnis der marianischen Weihe. Die Hingabe an Maria bedeutet allem voran die Anerkennung dieser Rolle Marias im Heilsplan Gottes. Wer sich Maria weiht, anerkennt sie als Mutter Christi und als Mutter des neuen Menschen und macht sich in seinem Leben jene Beziehung zu eigen, die Christus selbst mit seiner Mutter verbindet. Montfort vermerkt mit Staunen die menschliche Abhängigkeit des Gottessohnes von seiner Mutter, eine Abhängigkeit, die sich mehr und mehr verwandelt in eine Beziehung, die am Ende allein von der tiefen Verbundenheit im Glauben bestimmt ist. Die Hingabe an Maria führt in diese Verbundenheit hinein, was konkret wird in der Übernahme der christlichen Haltungen Marias: ihres Glaubens an Christus, ihrer Demut, ihrer Bereitschaft zu dienen, ihrer Hingabe an Gott und die Mitmenschen, ihrer Offenheit für das Wirken des Geistes, ihrer gläubigen Betrachtung der geschichtlichen Ereignisse. Wer sich Maria weiht, nimmt Maria als seine Mutter an und öffnet sich ihrem mütterlichen Wirken, das darauf ausgerichtet ist, uns immer mehr zu Kindern Gottes werden zu lassen, damit wir unser Ziel erreichen, wie es von Gott gewollt und an Maria schon endgültig verwirklicht ist.

Eine Liste der Gaben

Wenn Montfort aufzählt, was wir Maria geben sollen, dann nicht, damit wir uns brüsten, wie umfassend doch unsere Gabe sei. Vielmehr will er den Christen von seiner Selbstsucht befreien, aber auch vom Festhalten an jenen eigenen Plänen, die in den Augen Gottes keinen Bestand haben. Deshalb empfiehlt er, den folgenden Satz oft zu wiederholen: „Ich entsage mir selbst und schenke mich dir, meine liebe Mutter" (WMV 259). Dadurch soll der Christ zu einer inneren Armut geführt werden, die von allem be-

freit, was dem Willen Marias – und damit dem Willen
Gottes – entgegensteht. Damit verbindet sich zugleich das
Streben nach Übereinstimmung mit der göttlichen Weisheit und den Orientierungen des Heiligen Geistes. Maria
hat die Aufgabe, den Christen auf diesem Weg zu leiten
und ihm durch ihre Fürsprache zu helfen. Wir können so
zu der Erfahrung kommen, daß wir uns immer mehr vom
Reich der Ichsucht entfernen und dem Reich der Liebe immer näher kommen. Der Dichter Petrarca hat es so ausgedrückt:

„Wenn ich aus meiner erbärmlichen Niedrigkeit
durch deine Hände auferstehe,
dann weihe ich dir,
o Jungfrau,
und widme deinem Namen
meine Gedanken, meine Begabungen und meinen Stil,
Zunge und Herz, meine Tränen und Seufzer."

Eine vollkommene Gabe für Maria

*Diese Art der Frömmigkeit besteht also darin, sich ganz
und gar Maria zu überlassen, um durch sie ganz Jesus Christus zu gehören. Wir müssen ihr geben:*
1. unseren Leib mit all seinen Sinnen und Gliedern;
2. unsere Seele mit all ihren Fähigkeiten;
3. unsere äußeren Besitztümer, die jetzigen wie die zukünftigen;
*4. unsere inneren und geistlichen Güter, das heißt unsere
Verdienste, unsere Tugenden und unsere vergangenen, gegenwärtigen und zukünftigen guten Werke.*
*Also müssen wir ihr alles geben, was wir in der Ordnung
der Natur und in der Ordnung der Gnade besitzen und in
Zukunft besitzen werden. Dabei dürfen wir nichts zurückbehalten, nicht einen Pfennig, nicht einmal ein Haar, auch*

nicht das geringste gute Werk – und das für die ganze Ewigkeit. Wir dürfen keine andere Belohnung für unsere Gabe und unseren Dienst beanspruchen oder erhoffen als die Ehre, durch Maria und in Maria Jesus Christus anzugehören, selbst dann, wenn diese liebenswerte Herrin nicht das freigebigste und dankbarste Geschöpf wäre, was sie doch immer ist.

Wir geben Maria unsere Verdienste, Gnaden und Tugenden, nicht damit Maria sie anderen zuwende (um genau zu sein: unsere Verdienste, Gnaden und Tugenden sind nicht übertragbar, und nur Jesus Christus, unser Bürge beim Vater, konnte uns seine Verdienste zuwenden), sondern damit Maria sie für uns bewahre, vermehre und verschönere, wie wir noch zeigen werden. Wir geben ihr den Wert unserer guten Werke, damit sie ihn zuwende, wem ihr gut scheint, zur größeren Ehre Gottes (WMV 121–122).

Ein vollkommener Weg
zur Begegnung mit Christus

Menschliches Leben wird oft als Weg verstanden, man spricht vom „Lebensweg" des Menschen. Mit diesem Symbol wird zum Ausdruck gebracht, daß der Mensch ein Leben lang unterwegs ist. Was vom Weg gilt, daß er einen Ausgangspunkt hat, Haltepunkte, unvorhersehbare Biegungen, Gefahren, Schwierigkeiten, schließlich die Ankunft am Ziel, läßt sich auch vom Leben sagen. Dieses Symbol bringt zugleich noch etwas anderes zum Ausdruck: Jeder Weg führt über sich selbst hinaus und bringt, wenn man ihn geht, an ein Ziel, das nicht mehr zum Weg selbst gehört, sondern jenseits von ihm liegt. Wenn wir uns auf den Weg machen, erweitert sich unser Horizont, wir machen neue Erfahrungen und erwerben neue Erkenntnisse.

In gleicher Weise wird dieses Symbol gebraucht für die Bewegung des Menschen zu Gott hin. Der heilige Bonaventura († 1274) spricht vom „Weg des Geistes zu Gott", die heilige Teresa von Avila († 1582) beschreibt das Gebet als „Weg der Vollkommenheit", die heilige Theresia vom Kinde Jesus spricht von ihrem „kleinen Weg", der „in einer Herzenshaltung besteht, die uns in den Armen Gottes demütig und klein werden läßt im Bewußtsein unserer Schwäche, aber auch voll kühnen Vertrauens in seine Vatergüte".

Für den Christen erhält dieses Symbol aber noch eine besondere Bedeutung. Denn Jesus Christus sagt von sich selbst: „Ich bin der Weg. Niemand kommt zum Vater außer durch mich" (Joh 14, 6–9). Er ist der Weg, weil wir durch seine Vermittlung Zugang zum Vater haben.

Maria, ein vollkommener Weg zu Christus

Wie kann der Mensch einen Weg zu Jesus Christus finden und durch ihn den Weg zum Vater? Auf diese Frage sucht Montfort eine Antwort oder, besser gesagt, einen für alle gangbaren Weg. Er weiß darum, daß alle zur Heiligkeit und zur Vollkommenheit berufen sind:

> „Christ, lebendiges Abbild Gottes, du bist durch das kostbare Blut Christi erkauft. Gott will, daß du in diesem Leben heilig wirst wie er und im ewigen Leben teilhaftig seiner Herrlichkeit. Es ist deine sichere Berufung, heilig zu werden wie Gott" (GM 3).

Heiligkeit und Vollkommenheit erreicht der Mensch in der Vereinigung mit Christus:

> „Unsere ganze Vollkommenheit besteht darin, Jesus Christus ähnlich, mit ihm vereint und ihm geweiht zu sein" (WMV 120).

Alles hängt deshalb davon ab, daß der Mensch einen Weg zu Christus findet. Montfort entwickelt seine Idee aus der Betrachtung der Heilsgeschichte. Wenn Jesus selbst Maria als Weg zu den Menschen gewählt hat, dann sollten wir den gleichen Weg wählen, denn es gibt keinen vollkommeneren. Die Hingabe an Maria ist ein *„kurzer, leichter, vollkommener und sicherer Weg* zur Vereinigung mit unserem Herrn, in der die Vollkommenheit des Christen besteht" (WMV 152).

Gegen den Einwand, die Marienverehrung verlängere und erschwere den Weg zu Christus, verweist Montfort auf die Bedeutung Marias in der Heilsgeschichte: „Könnte es denn möglich sein, daß diejenige, die bei Gott Gnade gefunden hat für die ganze Welt im allgemeinen und für jeden einzelnen im besonderen, für die Seele ein Hindernis sei, die große Gnade der Vereinigung mit Christus zu finden?"

(WMV 164). Auch das Konzil hat dies hervorgehoben und gesagt, daß „Marias mütterliche Aufgabe gegenüber den Menschen" die einzige Mittlerschaft Christi nicht vermindert, „sondern ihre Wirkkraft zeigt... Die unmittelbare Vereinigung der Glaubenden mit Christus wird dadurch aber in keiner Weise gehindert, sondern vielmehr gefördert" (LG 60).

Montfort hat hier vor Augen, daß Maria durch die Gnade Gottes so in das Leben ihres Sohnes verwandelt, so eins mit dem Herrn ist, daß sie nur noch Beziehung zu Gott ist (WMV 225) und nichts anderes tun kann, als uns zu Gott zu führen. Wer sich an sie wendet, erliegt deshalb auch nicht der Gefahr, die von allen geschaffenen Wesen und Dingen ausgeht, selbst wenn sie gut und heilig sind, nämlich durch die ihnen eigene Faszination von Gott und Christus abzulenken und so den Weg zur Begegnung mit Gott zu verlängern. Maria ist für Montfort ein „unbefleckter Weg" (WMV 158), der Gott zur Welt und die Welt zu Gott führt. Durch sie ist Jesus Christus zu uns gekommen. Montfort folgert daraus, daß Maria uns genauso wirkungsvoll hilft, zu einer tiefen, bleibenden Begegnung mit ihrem Sohn zu finden, denn „Jesus Christus ist immer bei ihr, groß, mächtig, wirkungsvoll und unbegreiflich, mehr noch als im Himmel und in irgendeinem anderen Geschöpf im Universum" (WMV 165).

Montfort behandelt ausführlich die „falsche" Marienverehrung und verurteilt sie als „Betrug des Teufels" (vgl. LEW 216; WMV 91–101), der von Gott entfernt. „Falsch" wird die Marienverehrung vor allem, wenn sie sich auf ein „falsches" Bild von Maria richtet, das heißt auf eine Vorstellung, die nicht dem entspricht, was das Evangelium von Maria sagt. Im Evangelium erscheint Maria als eine Frau, die ihr ganzes Leben in den Dienst für Christus und seine Brüder gestellt hat und charakterisiert ist vom Gotteslob, von der Offenheit für den Heiligen Geist und vom Hören des Wortes Gottes.

Die Hinwendung zu Maria wird deshalb zum Anlaß, mit ihr die Größe des Herrn zu preisen, seinen Heilsplan tiefer zu erfassen und sich die christliche Berufung zur Heiligkeit zu vergegenwärtigen. Dank ihrer Gnadenfülle bringt uns Maria in die Nähe Gottes, ohne den sie nicht sein kann. Vor allem aber führt die Begegnung mit ihr zur Begegnung mit Christus. Ihre mütterliche Aufgabe besteht darin, mit zu helfen, daß wir Gotteskinder und auch im Glauben erwachsen werden.

Maria und die Reife in Christus

Auch das christliche Glaubensleben ist ein Wachsen in Christus, ein Reifungsweg, der von einem kindlichen Zustand zu einer geistlichen Reife führt, die Paulus das Erreichen des „Vollalters Christi" (Eph 4, 13) nennt. Es ist der lange und mühsame Weg der Bekehrung, der nicht nur in der Abkehr von der Sünde besteht, sondern in der Angleichung an Jesus Christus. Viele Heilige haben die Erfahrung bezeugt, daß Maria den Christen auf diesem Weg begleitet. Montfort nennt drei wichtige Aspekte.

1. Maria bewahrt diejenigen, die sich ihr anvertrauen, vor der Sünde und hilft den Gestrauchelten wieder auf. Zwischen ihr und dem Bösen besteht eine solche Unverträglichkeit, daß sie sich gegenseitig ausschließen: „Der böse Geist ist niemals da, wo Maria ist" (WMV 166). Das heißt für Montfort, daß Irrtum und Sünde in Glaubensdingen den wahren Marienverehrer nicht treffen können (WMV 167 und 209), und die häufige Hinwendung zu Maria ist für ihn ein Zeichen dafür, daß „die Seele nicht tot ist durch die Sünde" (WMV 166). Und: Maria hindert ihre Kinder durch ein Übermaß an Gnade daran, „im Tugendstreben nachzulassen oder auf dem Weg zu fallen und dabei die Freundschaft ihres Sohnes zu verlieren" (WMV 175).

2. Die eigentliche Aufgabe Marias liegt in ihrer *Mutterschaft in der Ordnung der Gnade*. Sie hat Christus geboren und bleibt für immer die Mutter des Herrn und trägt dazu bei, daß Christus auch in den Herzen der Menschen geboren wird. Als Mutter des neuen Menschen bringt sie im Heiligen Geist die neuen Menschen hervor, indem sie ihnen die Gesichtszüge ihres Sohnes einprägt. Weil sie bei dem großen Werk des dreifaltigen Gottes, den Menschen das göttliche Leben zu schenken, mitwirkt,

> „kann man auf Maria mit größerer Berechtigung jene Worte anwenden, die Paulus auf sich selbst bezieht: ‚Meine Kinder, um die ich von neuem Geburtswehen leide, bis Christus in euch Gestalt gewinnt' (Gal 4, 19)" (WMV 33).

Montfort verdeutlicht die Mutterschaft Marias mit einem Bild des heiligen Augustinus und nennt Maria „die Form Gottes" (forma Dei):

> „Wer sich in diese Form Gottes hineinfallen läßt, wird bald in Jesus Christus umgeformt" (WMV 219).

Marias mütterliche Aufgabe besteht also darin, den Christen in einen „anderen Christus" umzuformen. Sie hilft wie eine Mutter, daß der Christ lernt, die innere Haltung Jesu zu seiner eigenen zu machen.

3. Das Ziel des mütterlichen Wirkens Marias ist die *geistliche Reife,* für die Montfort mit Vorliebe den paulinischen Ausdruck vom „Vollalter Christi" verwendet (WMV 33; 119; 156; 168). Aus einem Zustand, in dem „Christus noch sehr schwach in uns ist" (WMV 218), wachsen wir mit Maria von „Tugend zu Tugend, von Gnade zu Gnade, von Licht zu Licht" (WMV 119) bis zur Reife in Christus, die der Gipfel der Vollkommenheit ist. Wenn allein Christus im Herzen des Menschen herrscht, hat die Marienverehrung ihr Ziel erreicht. Denn sie will uns dahin führen, daß wir „durch Jesus, mit Jesus, in Jesus und für Jesus"

(WMV 257) leben, und uns das Glück schenken, "durch ein für Zeit und Ewigkeit unlösbares Band" (WMV 265) mit Jesus verbunden zu sein. Maria ist deshalb nicht ein "Nebenweg", der parallel zum Weg ihres Sohnes verläuft, sondern ein Weg, der in den einzigen Heilsweg, Jesus Christus, einmündet. Und die wahre Marienverehrung ist nicht eine Alternative zum Leben mit Christus, sondern seine Verwirklichung zusammen mit Maria. Sie ist ein leichter, gerader, verbürgter und anspruchsvoller Weg zu einer echten, tiefen und bleibenden Begegnung mit Christus.

Ein leichter und sicherer Weg

Diese Art der Frömmigkeit ist ein leichter, kurzer, vollkommener und sicherer Weg, zur Vereinigung mit unserem Herrn zu gelangen, in der die Vollkommenheit des Christen besteht.

Ein leichter Weg
Es ist ein Weg, den Jesus Christus aufgetan hat, um zu uns zu kommen. Auf diesem Weg gibt es keinerlei Hindernisse, zu ihm zu gelangen. Es ist wahr, daß man auch auf anderen Wegen zur Vereinigung mit Gott gelangen kann, aber dabei sieht man viel mehr Kreuzen und geheimnisvollen Toden entgegen und muß gegen viel mehr Schwierigkeiten ankämpfen, die kaum zu überwinden sind. Man muß durch dunkle Nächte, durch Kämpfe und seltsame Todesängste, über steile Berge, durch spitze Dornen und schreckliche Wüsten hindurch. Aber auf dem Weg Marias geht man leichter und ruhiger. Sicher, auch hier gibt es harte Kämpfe zu bestehen und große Schwierigkeiten zu überwinden. Aber Maria, die gute Mutter und Herrin, ist ihren treuen Dienern so nahe, ihre Dunkelheiten zu erhellen, sie in ihren Zweifeln zu erleuchten, in ihren Ängsten zu ermu-

tigen, in ihren Kämpfen und Schwierigkeiten zu stützen, daß dieser jungfräuliche Weg zu Christus im Vergleich mit jedem anderen ein Weg von Rosen und Honig ist.

Ein kurzer Weg
Diese Art der Marienverehrung ist ein kurzer Weg, um Jesus Christus zu finden, zum einen weil man sich nicht verirrt, zum anderen weil man – wie ich schon gesagt habe – mit mehr Freude und Leichtigkeit geht und deshalb schneller vorankommt. In einer kurzen Zeit der Unterwerfung und Abhängigkeit von Maria kommt man weiter voran als in Jahren freier, persönlicher Initiative im Vertrauen auf sich selbst...

Ein vollkommener Weg
Diese Art der Marienverehrung ist ein vollkommener Weg zur Begegnung und Vereinigung mit Jesus Christus. Denn Maria ist das vollkommenste und heiligste aller einfachen Geschöpfe. Jesus Christus, der auf vollkommene Weise zu uns gekommen ist, hat keinen anderen Weg für seine große und wunderbare Reise gewählt.

Ein sicherer Weg
Diese Art der Marienverehrung ist ein sicherer Weg zu Jesus Christus und zur Vollkommenheit in der Vereinigung mit ihm. Denn es ist die eigentliche Aufgabe Marias, uns sicher zu Jesus zu führen, wie es die Sendung Jesu Christi ist, uns sicher zum Vater zu führen (WMV 152; 155; 157; 159; 164).

Die Weihe des Gottesvolkes

Neben der Weihe einzelner Personen kennen wir auch die Weihe ganzer Gruppen. In ihren Erscheinungen vor den Hirtenkindern von Fatima verlangte die Jungfrau Maria die Weihe der Welt an ihr Unbeflecktes Herz. Papst Pius XII. hat im Jahre 1942 die Kirche, die Welt und die Völker Maria geweiht und anvertraut. Papst Paul VI. hat diese Geste im Jahr 1964 und Papst Johannes Paul II. im Jahr 1981 wiederholt. Der Ursprung dieser Gesten liegt im Alten Testament.

Das Volk, das dem Herrn geweiht ist

Für den Israeliten ist Gott der Heilige schlechthin. Alles, was in eine nähere Beziehung zu Gott gelangt, hat deshalb teil an seiner Heiligkeit. Gott selbst hat das Volk Israel auserwählt, und deshalb ist es ein geweihtes Volk. So heißt es im Buch Deuteronomium:

> „Du bist ein Volk, das dem Herrn, deinem Gott geweiht ist. Dich hat der Herr, dein Gott, ausgewählt, damit du unter allen Völkern, die auf der Erde leben, das Volk wirst, das ihm persönlich gehört. Weil der Herr euch liebt, hat er euch ins Herz geschlossen und ausgewählt... Daran sollst du erkennen: Jahwe, dein Gott, ist der Gott; er ist der treue Gott; noch nach tausend Generationen achtet er auf den Bund und erweist denen seine Huld, die ihn lieben und auf seine Gebote achten" (Dtn 7, 6–9).

Das auserwählte Volk ist Gottes Eigentum und in den

Bannkreis seiner Heiligkeit gestellt. Deshalb heißt sein Lebensgesetz:

> „Ich bin der Herr, euer Gott. Erweist euch als heilig und seid heilig, weil ich heilig bin" (Lev 11, 44; 19, 2).

Der Apostel Petrus formuliert dieses Lebensgesetz für das Gottesvolk des Neuen Bundes:

> „Laßt euch als lebendige Steine zu einem geistigen Haus aufbauen, zu einer heiligen Priesterschaft, um durch Jesus Christus geistige Opfer darzubringen, die Gott gefallen!" (1 Petr 2, 5).
>
> „Ihr aber seid ein auserwähltes Geschlecht, eine königliche Priesterschaft, ein heiliger Stamm, ein Volk, das sein besonderes Eigentum wurde, damit ihr die großen Taten dessen verkündet, der euch aus der Finsternis in sein wunderbares Licht gerufen hat" (1 Petr 2, 9).
>
> „Wie er, der euch berufen hat, heilig ist, so soll auch euer ganzes Leben heilig werden" (1 Petr 1, 15).

Maria – Urbild der geweihten Kirche

Die Weihe des Gottesvolkes an den Herrn findet in Maria ihr Vorbild. Sie ist das Urbild der geweihten Kirche, weil sich in ihrem Leben in besonderer Weise die charakteristischen Merkmale jeder Weihe wiederfinden. Sie gehört dem Herrn und nennt sich seine Magd; sie stimmt dem Heilswillen Gottes zu; sie ist treu auch im Leid und in der Prüfung... Das II. Vatikanische Konzil beschreibt Marias Haltung bei der Verkündigung:

> „So ist die Adamstochter Maria, dem Wort Gottes zustimmend, Mutter Jesu geworden. Sie umfing den Heilswillen Gottes mit ganzem Herzen und von Sünde unbehindert und gab sich als Magd des Herrn ganz der Person und dem Werk ihres Sohnes hin und diente so un-

ter ihm und mit ihm in der Gnade des allmächtigen Gottes dem Geheimnis der Erlösung" (LG 56).

Maria ist die Tochter Sion, in der die Weihe des Volkes Israel ihre höchste Verwirklichung erreicht. Sie ist „die Magd des Herrn", die sich den typischen Glaubensakt der Gemeinde des Alten Bundes vollkommen zu eigen macht: „Alles, was Jahwe gesagt hat, das tun wir" (Ex 19, 8). Bei der Hochzeit zu Kana trägt sie deshalb den Dienern auf: „Was er euch sagt, das tut" (Joh 2, 5). Das gilt nicht nur für die Diener von damals, es ist allen Jüngern ihres Sohnes gesagt. Maria wird so zum Beispiel und zum Vorbild, wie der Christ seine Hingabe an den Herrn leben soll, weil er Glied des neuen Gottesvolkes ist. Wer sich deshalb durch Maria Christus weiht, weil er ihre von Gott so gewollte Sendung als Vorbild, als Mutter der Glaubenden, anerkennt, verwirklicht im eigentlichen Sinn die Weihe der Kirche an ihren Herrn Jesus Christus. Das schließt die konkrete Liebe zur Kirche, die von Jesus Christus nicht getrennt werden kann, ein, wie Johannes XXIII. gesagt hat:

„Die Weihe an sie (Maria) bedeutet eine glühende, unwiderrufliche, großzügige Weihe an den göttlichen Heiland, an sein Gebot, an seine Kirche" (1. 9. 1959).

Ein Geschenk Gottes für die kirchliche Gemeinschaft

Der letzte Hinweis über das Leben Marias, den das Neue Testament überliefert, zeigt die Mutter Jesu zusammen mit der Urgemeinde in der Erwartung des Heiligen Geistes:

„Sie verharrten einmütig im Gebet zusammen mit den Frauen und mit Maria, der Mutter Jesu, und mit seinen Brüdern" (Apg 1, 14).

Wenn es Gottes Wille war, daß Maria in der Beschreibung der Entstehung der Kirche ausdrücklich erwähnt werden sollte, kann man das so verstehen, daß die Gegenwart Marias für alle Zeiten wesentlich zur Kirche gehört. Schon im 4. Jahrhundert finden wir diesen Gedanken beim heiligen Cromatius, Bischof von Aquileia:

„Die Kirche versammelte sich im Obergemach mit Maria, der Mutter Jesu, und mit seinen Brüdern. Man kann also nicht von Kirche sprechen, wenn nicht Maria, die Mutter des Herrn, mit seinen Brüdern anwesend ist" (Sermo XXX, 1).

Und Papst Paul VI. schreibt:

„Und die tiefere Erkenntnis der Sendung Marias hat sich in jubelnde Verehrung zu ihr gewandelt und in anbetende Ehrfurcht gegenüber dem weisen Plan Gottes, der in seiner Familie, der Kirche, wie in jedem Heim, die Gestalt einer Frau gegenwärtig wissen wollte, die verborgen und in der Haltung einer Dienerin wach ,und in Güte schützend ihre Schritte zum Vaterland lenkt, bis der glorreiche Tag des Herrn kommt'" (MC, Einleitung).

Einer Familie ohne Mutter würde etwas Wichtiges fehlen. Die Mutter ist Quelle der Einheit, des Lebens, der Wärme. Gott hat diesem Bedürfnis, das er selbst in das Herz des Menschen eingesenkt hat, Rechnung getragen und Maria einen Platz in der Kirche gegeben. Mit Maria erscheint die Kirche als Familie der Kinder Gottes, die in Liebe vereint sind und sich auf eine Mutter verlassen können, die immer für sie da ist.

Mit Maria können wir wieder lernen, wie die Urgemeinde ein Herz und eine Seele zu werden. Denn in einer Welt, in der Egoismus und Machthunger triumphieren, „weist Maria der Kirche den Weg des Dienens, der Armut und der Demut, denn in ihrem Leben spiegelt sich die Herrlichkeit des einzigen Gottes" (Max Thurian). Die Hingabe an Maria

lehrt uns, alles zu teilen. Selbst unsere Wünsche und Gebetsmeinungen sollen wir dem Willen Marias unterstellen, der immer auf die größere Ehre Gottes und das Wohl der ganzen Kirche, besonders auf das ihrer bedürftigsten Glieder, ausgerichtet ist. Wer mit Maria in der Gemeinschaft der Heiligen lebt, der weiß sich zu einer Familie gehörig, in der allen alles gemeinsam ist. Die geistlichen Güter des einzelnen nützen allen, und auch die materiellen Güter dürfen sich nicht in den Händen weniger anhäufen, sondern sollen brüderlich geteilt werden, wie es in der Jerusalemer Urgemeinde geschah (Apg 2, 44).
Die marianische Weihe ist kein privater Frömmigkeitsakt, sondern Verwirklichung der Weihe des Gottesvolkes. Sie geht aus der Kirche hervor und gewinnt in der Gemeinschaft der Kirche ihren vollen Wert. Wenn Papst Johannes Paul II. die Kirche und die Welt der Gottesmutter geweiht hat, dann ist diese Weihe Antwort und Echo darauf, daß Kirche und auch die Welt schon geweiht sind durch ihre je eigene Beziehung zu Gott. Dies wird im fürbittenden Weihegebet allen verdeutlicht; es ist zugleich eine Einladung an jedes Glied der Kirche, sich seiner eigenen Verantwortung für Kirche und Welt bewußt zu werden.

Der mütterliche Schutz Marias

Dem, der alles Maria schenkt und sich von dem trennt, was ihm am liebsten ist, um sie zu ehren und ihr zu dienen, antwortet Maria, die gütige und barmherzige Mutter, die sich niemals an Liebe und an Großzügigkeit übertreffen läßt, mit der unaussprechlichen Gabe ihrer selbst. Sie taucht ihren treuen Diener in den Abgrund ihrer Gnaden; sie schmückt ihn mit ihren Verdiensten; sie hilft ihm mit ihrer Macht; sie erleuchtet ihn mit ihrem Licht; sie entflammt ihn mit ihrer Liebe; sie schenkt ihm ihre Tugenden: Demut, Glaube, Reinheit... Sie bürgt für ihn, ergänzt, was ihm fehlt, wird sein ein und alles bei Jesus.

Und wie diese geweihte Person ganz Maria gehört, so gehört Maria ganz ihr, so daß man von diesem vollkommenen Diener und Kind Marias sagen könnte, was Johannes der Evangelist von sich selbst sagt, daß er die Allerheiligste Jungfrau sich zu eigen genommen hat als all sein Gut: „Und von diesem Augenblick an nahm sie der Jünger zu sich."

Treu bewahrt, läßt diese Haltung gegenüber Maria in der Seele ein großes Mißtrauen, Abscheu und Haß gegen die eigene Person entstehen und zugleich ein großes Vertrauen und vollkommenes Sich-Lassen in die Hände Marias, der guten Herrin ihres treuen Dieners. Er stützt sich nicht mehr wie vorher auf seine eigenen Fähigkeiten, Absichten, Verdienste, Tugenden und gute Werke, denn das alles hat er Jesus Christus durch Maria geopfert und besitzt deshalb nur noch einen einzigen Schatz, in dem all seine Besitztümer sind und den er nicht bei sich selber aufbewahrt, und dieser Schatz ist Maria.

Das läßt ihn sich Jesus ohne knechtische und skrupulöse Furcht nahen und zu ihm mit großem Vertrauen beten. Wie mächtig und stark ist man bei Jesus Christus, wenn man bewaffnet ist mit den Verdiensten und der Fürbitte einer so würdigen Gottesmutter, die – wie Augustinus sagt – liebend den Allmächtigen besiegt hat (WMV 144–145).

Ein Ja aus Liebe zu Gott

„Von Gott erwählter und geliebter Christ, ich stelle dir ein Geheimnis vor, das der Allerhöchste mir mitgeteilt hat und das ich in keinem alten oder neuen Buch habe finden können. Mit der Hilfe des Heiligen Geistes vertraue ich es dir unter der folgenden Bedingung an: Du mußt dich verpflichten, danach zu leben, um heilig zu werden und die geistliche Reife zu erlangen, denn dieses Geheimnis wird in dem Maße wirksam, als man danach lebt. Gib also acht, daß du die Hände nicht untätig in den Schoß legst! Mein Geheimnis würde sich für dich in Gift verwandeln und zum Anlaß deiner Verdammung werden!" (GM 1).

Diese Worte mögen ein wenig pathetisch klingen. Aber davon einmal abgesehen, will Montfort uns darauf aufmerksam machen, daß die Weihe an Jesus Christus durch Maria zwar ein Gnadengeheimnis ist, aber keine magische Formel. Die Weihe ist kein einmaliger Akt – man spricht das Weihegebet und alles ist erledigt –, sondern sie ist ein langer Weg, der persönliche Anstrengung erfordert, wenn er zum Ziel führen soll. Eine Haltung der Passivität, Trägheit und Unverbindlichkeit steht in absolutem Gegensatz zum Geist der marianischen Weihe. Denn sie ist ja das Versprechen, den Anforderungen aus der Taufe besser als vorher gerecht zu werden. Sie ist ein Weg, ein Reifungsprozeß, der uns trotz unserer persönlichen Schwächen, unserer Begrenztheit, unserer Ohnmacht, unserer egoistischen Neigungen dahin führen will, unser Leben in ein einziges Ja der Liebe und der Hingabe an Gott zu verwandeln, damit der Heilsplan Gottes an sein Ziel gelangen kann. Dabei geht es nicht nur um das äußere Verhalten, sondern um die innere Haltung der Welt, den Mitmenschen, uns selbst und Gott gegenüber. Montfort weiß darum, wie schwierig es ist, seine eigenen Grundhaltungen zu verändern. Es ist leicht einzusehen, daß ein bloßes Versprechen nicht ausreicht, um zu einem „guten" Menschen zu werden. Montfort warnt deshalb vor jeder Oberflächlichkeit:

> „Es genügt nicht, die Ganzhingabe einmal zu vollziehen. Es genügt auch nicht, sie jeden Monat oder jede Woche zu wiederholen. Das wäre nur eine vorübergehende Hingabe, die nicht zu der Vollkommenheit zu führen vermag, die Maria anbietet. Es gehört nicht viel dazu, einer Bruderschaft beizutreten, diese Art der Frömmigkeit anzunehmen und jeden Tag die vorgeschriebenen Gebete zu sprechen. Die eigentliche Schwierigkeit liegt darin, in den Geist dieser Frömmigkeit einzudringen, der darin besteht, sich innerlich ganz und gar von Maria und durch sie von Jesus abhängig zu machen" (GM 44).

Montfort macht hier deutlich, daß das Kriterium für die wahre Marienverehrung nicht in der äußerlichen Ableistung von bestimmten Frömmigkeitsübungen besteht, etwas, was in der Vergangenheit manchmal allzusehr betont wurde und zu einer Verzerrung der Marienverehrung beigetragen hat. Das Entscheidende und Schwierige besteht darin, den „Geist" wahrer Marienverehrung zu verstehen und ihn sich zu eigen zu machen. So wie Montfort Marienverehrung versteht, heißt das nichts anderes, als sich den Geist wahren Christseins zu eigen zu machen, eben jenen Geist, der Maria beseelt hat. Montfort drückt es so aus:

Man soll alles „durch Maria, mit Maria, in Maria und für Maria tun, um es vollkommener durch Jesus, mit Jesus, in Jesus und für Jesus zu tun" (WMV 257).

Das heißt nichts anderes, als daß wir ganz „im Geist Jesu"

leben und handeln sollen, eben so wie Maria ganz „im Geist Jesu" gelebt und gehandelt hat. Die Formulierung „durch Maria, mit Maria, in Maria und für Maria" relativiert, wenn sie verinnerlicht wird, menschliches Handeln. Alles „durch Maria" tun, das macht als erstes deutlich, daß Maria nicht das letzte Ziel ist, sondern nur ein erstes, etwas wie eine Durchgangsstation zu Jesus Christus; das „mit Maria", verweist darauf, daß wir unseren Lebens- und Glaubensweg nicht allein zu gehen brauchen und daß die innere Beziehung zu Maria uns hilft, ihre, und das ist die christliche, Glaubens- und Lebenshaltung einzuüben; „in Maria" handeln, das heißt in ihrem Sinne handeln; und wer „für Maria" handelt, dessen Tun und Lassen hat ein Ziel, das gleichzeitig Maßstäbe vorgibt. Die marianische Weihe Montforts und insbesondere das, was er über die „inneren Übungen" (WMV 258-265; GM 46-49) sagt, ist eine Schule christlichen Lebens.

Das, was Montfort auf seine Weise zum Ausdruck bringt, wird in der Bewegung der Focolare mit dem Ausdruck „Maria leben" zusammengefaßt. Fünf junge Focolarini haben es einmal so erläutert:

> „‚Maria leben', das ist ein verschlüsseltes Wort mit zahlreichen Bedeutungen: So leben, wie Maria leben würde, also mit jener besonderen Sensibilität für das Wort Gottes, wie sie im Evangelium hervortritt... sich Maria zum Vorbild nehmen. Sie ist Verlobte, Braut, Geweihte, Mutter, Witwe... und vor allem die erste Christin gewesen. Es heißt schließlich auch, das Werk Marias fortsetzen und mit ihr Jesus, den menschgewordenen Gott, unter den Menschen geboren werden lassen."

„Maria leben" meint also nicht nur, wie Maria leben und in ihr den Maßstab finden, der unseren Entscheidungen eine christliche Orientierung gibt, sondern in Verbundenheit mit ihr das Evangelium lebendig werden zu lassen. Denn da, wo die brüderliche Liebe gelebt wird, wird Jesus in unserer Mitte lebendig. Gerade das aber hat Maria getan. Die jungen Focolarini haben ein Bild dafür gefunden:

„Beim Rundfunk gibt es eine sogenannte Trägerwelle, ein Signal von hoher Frequenz. Die Trägerwelle kann man nicht hören, sie macht kein Geräusch. Aber ohne sie gibt es keine Übertragung. So ähnlich ist auch Maria: Sie ist ein Schweigen, das Gott erlaubt, sich hören zu lassen."

Dazu will uns auch die montfortanische marianische Weihe hinführen: daß wir in jenes Schweigen der Liebe eintauchen, in dem das Wort Gottes ein Echo finden und sich in der Welt verleiblichen kann.

Das Wesen der Marienverehrung

Nach all dem versichere ich, daß ich fast alle Bücher über die Marienverehrung gelesen und mich mit den heiligsten und gelehrtesten Persönlichkeiten unserer Zeit darüber unterhalten habe. Aber ich habe keine Form der Marienverehrung kennengelernt, die derjenigen gleicht, die ich darlegen will. Sie verlangt von der Seele mehr Opfer für Gott, befreit sie mehr von sich selbst und ihrer Eigenliebe, bewahrt sie treuer in der Gnade und die Gnade in ihr, vereint sie vollkommener und leichter mit Christus, verherrlicht Gott mehr, heiligt die Seele mehr und nützt dem Nächsten mehr als jede andere.

Da aber das Wesentliche dieser Frömmigkeit in der Formung des inneren Lebens besteht, wird sie nicht von allen im gleichen Maße verstanden. Sehr viele werden bei den Äußerlichkeiten stehen bleiben und über diese nicht hinauskommen. Wenige andere werden in ihr Inneres vordringen, aber nur bis zur ersten Stufe. Wer wird bis zur zweiten Stufe emporsteigen? Und wer bis zur dritten? Wer wird schließlich bleibend in ihr verweilen? Nur der, dem der

Geist Christi dieses Geheimnis enthüllt. Nur der Heilige Geist kann die treue Seele in dieses Geheimnis einführen, damit sie von Tugend zu Tugend, von Gnade zu Gnade, von Licht zu Licht fortschreite, bis sie in Jesus Christus verwandelt ist und sein Vollalter auf Erden und seine Herrlichkeit im Himmel erreicht (WMV 118–119).

Das Leben im Geist

Ideale zu verkünden ist eine einfache Sache. Schwieriger wird es, sie auch zu leben. Montfort weist darauf hin, daß es nicht viel kostet, das Weihegebet zu sprechen und eine marianische Frömmigkeit zu praktizieren. Mehr persönliche Bemühung ist verlangt, wenn man wirklich zu Marias Glaubens- und Lebenshaltung finden und seinem Leben die marianische Prägung geben will, die Marias Stellung im Heilsplan Gottes entspricht. Dabei helfen können „einige innere Übungen, die diejenigen sehr heiligen, die der Heilige Geist zu großer Vollkommenheit berufen hat" (WMV 257). Die wichtigste Haltung eines wahren Marienverehrers betont Montfort mit besonderem Nachdruck:

„Man muß alles durch Maria tun. Man muß in allem Maria gehorchen und sich in allem von ihrem Geist leiten lassen, der der Heilige Geist Gottes ist" (WMV 258).

Hier nennt Montfort Bedingung und Ziel jeder echten Spiritualität: die Offenheit für den Heiligen Geist. Im 8. Kapitel des Römerbriefes spricht der Apostel Paulus vom Leben der Christen im Geist und mahnt, im Geist zu wandeln, nach dem Geist zu leben und nach dem zu trachten, was dem Geist entspricht (vgl. Röm 8, 4–6). Der Geist, der Leben ist, befreit uns von Sünde und Tod und schenkt Leben, denn er ist der Geist des Vaters, der Christus von den Toten auferweckt hat. Er ist der Geist Christi, der macht, daß wir zu Christus gehören (vgl. Röm 8, 9–11). Vater und Sohn senden den einen und gleichen Geist, der uns zu Söhnen macht (Röm 8, 15), der uns leitet (Röm 8, 14) und uns hilft zu beten. „Denn wir wissen nicht, worum wir in rechter Weise beten sollen; der Geist selber tritt jedoch für uns ein mit Seufzen, das wir nicht in Worte fassen können... Er tritt so, wie Gott es will, für die Heiligen ein" (Röm 8, 26–27). In uns und mit uns ruft er: „Abba, Vater" und bezeugt uns, daß wir Kinder Gottes sind. In ihm besitzen wir schon den Anfang des neuen Lebens, er bereitet uns den Weg, hilft uns zu wachsen und weiter voranzukommen und schenkt uns die Hoffnung, wenn wir in Erwartung der Erlösung unseres Leibes seufzen (vgl. Röm 8, 23–25).

Der Heilige Geist führt uns zur Heiligkeit. Heiligkeit ist das Vermögen, unbegrenzt zu lieben und Liebe zu empfangen. Nur Gott ist wirklich heilig, weil nur er unendlich ist. Aber er schenkt uns seinen Geist, damit wir an seiner Heiligkeit anteilhaben. Der Geist befähigt uns, Gott und die Mitmenschen zu lieben und uns von ihnen lieben zu lassen.

Das geistliche Leben ist somit ein Leben, das nicht von den natürlichen Instinkten – Paulus spricht vom „Leben nach dem Fleisch" – oder von äußeren Einflüssen, sondern vom Geist Christi beherrscht wird. Montfort sieht in Maria das Urbild des Menschen, der sich vollkommen vom Geist Christi leiten läßt. In den Abschnitten seines Evangeliums und der Apostelgeschichte, in denen Lukas von der Gottesmutter spricht, ist die eigentlich handelnde Person der Heilige Geist. Der Engel sagt zu Maria: „Der Heilige Geist wird über dich kommen, und die Kraft des Höchsten wird dich überschatten" (Lk 1, 35). Durch das Wirken des Geistes empfängt sie den Gottessohn in ihrem Herzen und in ihrem Schoß. Der Geist erfüllt Elisabet, Zacharias und Simeon, und sie reden inspiriert vom Heiligen Geist (Lk 1, 41.67; 2, 25–27). Und Maria ist bei den Jüngern, als der Geist auf sie herabkommt (Apg 1, 14).

In dieser lukanischen Darstellung erscheint Maria als eine Frau, deren Leben ganz und gar vom Wirken des Geistes bestimmt war. Der große Lehrer der Mystik, Johannes vom Kreuz, sagt über Maria bei der Schilderung einer Seele, die sich schon so an Gott hingegeben hat, daß er allein ihre Kräfte bewegt,

> „damit sie das tun, was dem Willen und der Anordnung Gottes angemessen ist. Und anderes vermögen sie nicht. Daher sind die Werke und Gebete solcher Seelen stets wirksam. So waren die der glorreichen Jungfrau, unserer Herrin. Von Anbeginn zu diesem erhabenen Stand erhöht, trug sie in ihrer Seele nie das Bild eines Geschöpfes eingeprägt, noch wurde sie je dadurch bewegt, sondern die Bewegung ging stets vom Heiligen Geiste aus" (Empor den Karmelberg III 2, 10).

Montfort formuliert es noch deutlicher, wenn er sagt, daß „der Geist Marias der Geist Gottes ist" (WMV 258). Diese Aussage ist nicht im philosophischen Sinn gemeint. Montfort will damit nicht das Ich Marias verneinen oder ihre Persönlichkeit leugnen, sondern ähnlich wie Johannes vom Kreuz hervorheben, daß sich Maria in ihrem ganzen Denken und Handeln so vollkommen vom Heiligen Geist leiten ließ, daß ihr eigener Geist auf mystische Weise eine einzige Wirklichkeit mit ihm ist. Im 1. Korintherbrief heißt es:

> „Wer sich an den Herrn bindet, ist ein Geist mit ihm" (6, 17).

Das ist in Maria vollkommen verwirklicht.

Montfort gibt den praktischen Hinweis, daß wir unserem eigenen Geist entsagen und den Geist Marias übernehmen und unser ganzes Denken und Tun unter den Leitsatz stellen sollen: „Ich entsage mir selbst und schenke mich dir, meine liebe Mutter" (WMV 259). Wir sollen also unser Tun und Lassen nicht einfach nur aus unserer eigenen Perspektive betrachten und beurteilen, sondern mit den Augen Marias, mehr noch, mit ihrem Geist, „der der Geist Gottes ist". Das ist ein mühsamer Lernprozeß, denn es ist Umkehr zum Geist Christi. Montfort versichert, daß unsere Taten ganz allmählich eine „marianische" Prägung erhalten. Wie der Heilige Geist in Maria bewirkte, daß Jesus Christus das ein und alles in ihrem Leben wurde, so können auch wir erfahren, daß immer weniger unser eigenes Ich, aber immer mehr Jesus Christus im Mittelpunkt unseres Lebens steht. Denn mit Maria öffnen wir uns dem Heiligen Geist, damit er uns mit dem Feuer seiner Liebe durchglüht.

Alles durch Maria

Man muß alles durch Maria tun. Man muß ihr in allem gehorchen und sich in allem von ihrem Geist leiten lassen, der der Heilige Geist Gottes ist. „Alle, die vom Geist Gottes geführt sind, sind Kinder Gottes." Genauso sind alle, die sich vom Geist Marias führen lassen, Kinder Marias und folglich Kinder Gottes, wie wir gezeigt haben. Unter den vielen Marienverehrern sind nur die wahr und treu, die sich vom Geist Marias leiten lassen.
Ich habe gesagt, daß der Geist Marias der Geist Gottes ist, weil sie sich niemals von ihrem eigenen Geist, sondern immer vom Geist Gottes leiten ließ, der so sehr ihr Meister wurde, daß er ihr eigener Geist war. Deshalb sagt der hl. Ambrosius: „Die Seele Marias möge in jedem Menschen sein, um den Herrn zu loben; der Geist Marias möge in jedem Menschen sein, um in Gott zu frohlocken." Wie glücklich ist der Mensch, wenn er ganz vom Geist Marias geleitet und bewohnt ist! Der Geist Marias ist mild und stark, eifrig und klug, demütig und mutig, rein und fruchtbar!
Man muß sich wirklich vom Geist Marias führen lassen.
1. Vor jeder Handlung – so z.B. vor dem Gebet, vor dem Zelebrieren oder Mitfeiern der heiligen Messe, vor dem Kommunizieren usw. – muß man dem eigenen Geist, das heißt der eigenen Weise zu sehen, zu urteilen und zu han-

deln, entsagen. Sonst würde die Dunkelheit unseres Geistes und die Verderbtheit unseres Willens und unserer Taten, wenn wir ihnen folgten, weil sie uns gut erschienen, zum Hindernis für den heiligen Geist Marias.
2. Man muß sich dem Geist Marias überlassen, um nach seinem Willen bewegt und geleitet zu werden. Man muß sich in ihre jungfräulichen Hände geben und in ihnen bleiben, wie ein Werkzeug in der Hand des Arbeiters oder eine Laute in den Händen eines guten Spielers. Man muß sich ganz in sie verlieren wie ein Stein, der ins Meer geworfen wird. Das geschieht ganz einfach und in einem Augenblick durch einen einzigen Blick des Geistes, durch eine kleine Bewegung des Willens oder ein kurzes Wort, etwa: „Ich entsage mir selbst und schenke mich dir, meine liebe Mutter." Und wenn man bei diesem Akt der Einigung auch nichts Besonderes fühlte, so ist er doch wirksam. Von Zeit zu Zeit, während und nach unseren Handlungen, müssen wir den gleichen Akt der Hingabe und Vereinigung erneuern. Je öfter dies geschieht, desto schneller gelangen wir zur Heiligkeit und zur Vereinigung mit Jesus Christus, die immer der Vereinigung mit Maria folgt, denn der Geist Marias ist der Geist Jesu (WMV 258–259).

Gelebtes Evangelium nach dem Beispiel Marias

Nicht die großen Worte sind es, die zählen, sondern Taten, und man vertraut nur dem, dessen Worte auch durch Taten gedeckt sind. Das gelebte Beispiel hat einen viel größeren Einfluß auf unser Verhalten als jede noch so gute Predigt.

Jeder Mensch braucht jemand, der ihm etwas vorlebt, ein Vorbild, an dem er sich orientieren und mit dem er sich auseinandersetzen kann, wenn er sich zur psychischen Reife hin entwickeln soll. Das ist im geistlichen Leben nicht anders. Viele Christen blicken auf Vorbilder, in denen sie bedeutende Werte verkörpert sehen: Charles de Foucauld (universale Brüderlichkeit), Teilhard de Chardin (Leidenschaft für die Verwandlung der Welt), Martin Luther King (die Kraft der Liebe) oder auch Papst Johannes Paul II. (Totus tuus, die Weihe an Maria und der Einsatz für die Kirche). Die Reihe ließe sich fortsetzen.

All diese Vorbilder bleiben immer nur bruchstückhaft. Sie verweisen auf das eine große Vorbild aller Christen, auf Jesus Christus selbst. Er verkörpert das Beispiel für die Liebe zum Vater und den Dienst am Menschen, für eine Lebensentscheidung, die bis zur letzten Konsequenz mit den Gedanken Gottes übereinstimmt. Seine Lebensgeschichte, wie sie im Evangelium erzählt wird, ist das eigentliche Modell christlicher Spiritualität. Sie ist Maßstab und Norm, aber auch ständiger Appell an alle Menschen, sich von Selbstsucht und von engstirnigen Interessen zu befreien und die Heilsbotschaft anzunehmen.

Das Evangelium verkündet keine abstrakte Heilsbotschaft, sondern erzählt von Menschen, die als erste auf Gottes Liebesangebot in Jesus Christus geantwortet haben. Unter ihnen nimmt Maria eine besondere Stellung ein, nicht nur weil sie vor allen anderen die erste ist, die ein volles Ja zu Christus gesagt hat, sondern weil sie den von Gott gewirkten Anfang der christlichen Glaubensgeschichte repräsentiert. Die Kirche kann deshalb die Lebensgeschichte Marias nicht einfach übergehen, will sie nicht ihre eigene Geschichte verfälschen. Aber auch für den einzelnen Gläubigen bleibt das Jawort Marias, das von ihrem ganzen Sein und Leben vollkommen gedeckt ist, Maßstab und Beispiel für die Grundhaltungen, die christliches Leben charakterisieren müssen. In diesem Sinn empfiehlt die Kirche den Gläubigen, Maria nachzuahmen,

„genaugenommen nicht wegen der Art des Lebens, das sie führte, ebensowenig wegen der sozio-kulturellen Umwelt, in der es sich abspielte und die heute in fast allem überholt ist, sondern weil sie in ihrer konkreten Lebenssituation völlig und verantwortlich dem Willen Gottes anhing; weil sie ihn im Wort aufnahm und in die Tat umsetzte; weil ihr Handeln von der Liebe und vom Geist des Dienens beseelt war; weil sie – kurz gesagt – die erste und vollkommenste Jüngerin Christi war. Das alles hat beispielhaften, universalen und bleibenden Wert" (MC 35).

Maria nachahmen meint also nicht, daß wir das Gleiche wie sie tun müßten, wohl aber, daß wir aus der gleichen christlichen Haltung heraus das Unsere tun. Montfort empfiehlt deshalb, daß man sich ständig in die tiefsten Lebenshaltungen Marias einüben solle:

„Man muß... Maria als vollendetes Vorbild jeder Tugend und Vollkommenheit betrachten, das der Heilige Geist gerade darum geschaffen hat, daß wir es entsprechend unseren geringen Fähigkeiten nachahmen. Bei jeder Handlung müssen wir uns deshalb fragen, was Maria an unserer Stelle tun würde" (WMV 260).

Will man sich auf diesen Weg begeben, dann muß man damit beginnen, „die großen Tugenden ihres irdischen Lebens zu betrachten" (WMV 260), mit der das Evangelium Maria charakterisiert: ihr grenzenloses Gottvertrauen, ihre Bereitschaft, sich für Gottes Heilsplan voll und ganz zur Verfügung zu stellen, ihre Hoffnung, ihr schweigendes Hinhören auf das Wort Gottes. Montfort hat eine besondere Vorliebe für drei Tugenden Marias, auf die er unser besonderes Augenmerk lenkt: ihr *Glaube,* ihre *Demut* und ihre *Reinheit*. Diese Tugenden hat auch Martin Luther hervorgehoben und ihnen eine biblische und eine geistliche Bedeutung zuerkannt.

Der *Glaube* besteht darin, sich der Gnade Gottes auszuliefern, sich unter sein Handeln zu beugen, nur seiner Stimme zu folgen und sich von ihm führen zu lassen. Maria ist Beispiel für einen klaren, starken und aufrichtigen Glauben.

Die *Demut* ist Selbstverleugnung unter dem Urteil Gottes, Selbsterniedrigung und Anhänglichkeit an Christus, der den Weg der Armut und des Kreuzes gegangen ist. Maria wird nicht überheblich angesichts der Botschaft des Engels, sondern bleibt die demütige Magd des Herrn.

Die *Reinheit* ist die Eigenschaft eines Herzens, das Gott selbstlos liebt und sich ihm ganz ausliefert. Es ist Marias Haltung, in der sie ihr „Mir geschehe nach deinem Wort" spricht. Die Reinheit Marias, aus der sich unmittelbar ihre Jungfräulichkeit im geistlichen und leiblichen Sinn ergibt, ist von tiefer Bedeutung im Hinblick auf Christus und die Kirche.

Alles mit Maria

Man muß alles mit Maria tun. Das heißt: man muß Maria als vollendetes Vorbild jeder Tugend und Vollkommenheit betrachten, das der Heilige Geist in einem einfachen Ge-

schöpf geschaffen hat, damit wir es entsprechend unseren geringen Fähigkeiten nachahmen. Bei jeder Handlung müssen wir uns also fragen, was Maria an unserer Stelle getan hätte oder tun würde. Zu diesem Zweck müssen wir die großen Tugenden, die sie in ihrem Leben geübt hat, betrachten. Unter ihnen ragen besonders hervor: 1. ihr lebendiger Glaube: sie hat ohne Zögern dem Wort des Engels geglaubt und treu an ihrem Glauben festgehalten, selbst unter dem Kreuz; 2. ihre tiefe Demut: sie hat immer die Verborgenheit, das Schweigen, den Gehorsam und den letzten Platz allem anderen vorgezogen; 3. ihre ganz göttliche Reinheit: nichts unter dem Himmel ist ihr je gleichgekommen und wird ihr je gleichen.

Ich wiederhole es noch einmal: Man erinnere sich, daß Maria die einzige, große Form Gottes ist, geeignet, lebendige Abbilder Gottes mit wenig Aufwand und in kurzer Zeit hervorzubringen. Wer diese Form findet und sich in sie hineinfallen läßt, wird schnell in ein Bild Christi umgeformt, den sie naturgetreu darstellt.

Wenn die Marienverehrung für alle Menschen schon deshalb notwendig ist, daß sie ihr Heil erreichen, so ist sie noch viel notwendiger für die, die zu besonderer Vollkommenheit berufen sind. Ich glaube nicht, daß jemand eine innige Vereinigung mit Jesus Christus und eine vollkommene Treue zum Heiligen Geist erlangen kann ohne eine sehr tiefe Verbundenheit mit Maria und ohne eine große Abhängigkeit von ihrer Hilfe (WMV 260; 43).

In der Liebe zu Maria

Der libanesische Dichter und Philosoph Kahlil Gibran schreibt in seinem Buch „Der Prophet":

„Wenn ihr liebt, dann sagt nicht: ‚Gott ist in meinem Herzen.' Sagt vielmehr: ‚Ich bin im Herzen Gottes.'"

Jeder Liebende gerät in Bewegung. Die Liebe „verführt" dazu, aus sich herauszugehen auf den Geliebten zu. Der Liebende wird „ver-rückt": Nicht mehr das eigene Ich steht im Mittelpunkt, sondern immer mehr der Geliebte, dessen Person und Lebensgeschichte so bedeutsam wird wie die eigene. Wer geliebt wird und liebend antwortet, dessen Herz wird verwandelt. Er erfährt jeden Tag mehr, daß sein Herz und seine Gedanken beim Geliebten sind, daß er im Geliebten lebt und der Geliebte in ihm.

Maria, das neue Paradies

Diese tiefe menschliche Erfahrung greift Montfort auf, um etwas Wesentliches über die wahre Marienverehrung zu sagen. Es ist zugleich seine eigene Lebenserfahrung, die er einem Freund gegenüber beschreibt als die Gnade der bleibenden Gegenwart Jesu und Marias in seiner Seele. Es ist eine mystische Erfahrung, die er mit vielen anderen Heiligen teilt. Sie spricht unmittelbar aus den Bildern und Symbolen, mit denen er von Maria spricht und die besser als abstrakte Begriffe zum Ausdruck bringen, was er im Herzen fühlt: „Neues irdisches Paradies... heiligste Stätte... Baum des Lebens... duftende Blume... Wiese der Hoffnung... Turm der Stärke... gesunde Luft der Reinheit...

Feuerofen der Liebe... Strom der Demut... östliche Pforte... (WMV 261–264).

All diese Symbole wollen uns das Gnadengeheimnis Marias näher bringen und sind nicht einfach Übertreibungen eines Dichters oder Beters, versichert uns Montfort, sie entsprechen dem wirklichen Sein Marias, wie es die Offenbarung beschreibt: „All diese verschiedenen Titel sind wahr und beziehen sich auf die verschiedenen Wunder und Gnaden, die der Allerhöchste in Maria gewirkt hat" (WMV 262).

Durch seine Betrachtungen und Gebete hat Montfort immer tiefer erkannt und gefühlt, das Maria wirklich das „Meisterwerk des Allerhöchsten" ist, das heißt der einzige Mensch, der – nicht aus eigenem Verdienst, sondern allein aufgrund der Gnade Gottes – so ist, wie Gott sich den Menschen von Ewigkeit her gedacht hat und wie jeder Mensch dank der Erlösung in Christus wieder sein wird und im Heiligen Geist schon ist.

Die Erlösung in Christus, die mit der Menschwerdung ihren Anfang genommen hat, ist für Montfort das zentrale Ereignis der Heilsgeschichte. Jesus Christus ist für ihn der „neue Adam", und deshalb nennt er Maria „das neue irdische Paradies", das der Heilige Geist als „einziger Herr" (WMV 263) bewohnt und in dem „der Allerhöchste den Thron seiner Herrlichkeit aufgestellt hat" (WMV 262).

Maria ist die neue Schöpfung, sie ist das Urbild derer, die dank der Erlösung im Geist leben und sich vom Geist auf den Weg der Liebe führen lassen. Montfort bleibt im Bild vom Paradies: So wie die ersten Menschen vor dem Sündenfall im irdischen Paradies in der Gemeinschaft mit Gott lebten, so leben die Menschen der neuen Schöpfung im neuen irdischen Paradies, dessen Urbild Maria ist. Wer Maria begegnet und sie als Mutter des Erlösers lieben lernt, wer sich deshalb ihre Glaubens- und Lebenshaltung zu eigen macht, findet in ihr und mit ihr die neue Gemeinschaft mit Gott, er findet zur Freiheit der Kinder Gottes, wird befreit von „Verwirrungen, Ängsten und Skrupeln" (WMV 264), denn Maria macht das menschliche Herz offen für das Vertrauen in Gott und für das Wirken des Heiligen Geistes.

Ein Geheimnis der Gnade

Aber Maria ist für Montfort auch ein heiliger und geheimnisvoller Ort, an dem man nur verweilen kann „dank einer besonderen Gnade des Heiligen Geistes, die sich die elenden Kinder Adams und Evas erst verdienen müssen" (WMV 263). Maria ist kein Gipfel, der erobert werden muß, sondern eher reine Luft, der man die Fenster der Seele öffnen soll.

Montfort will damit andeuten, daß die Liebe zu Maria und damit auch die lebendige Verbundenheit mit ihr und das liebende Verweilen in ihr eine Gabe des Heiligen Geistes ist, die auch erbeten sein will. Denn es ist immer ein unverdientes Geschenk Gottes, wenn er uns sein göttliches Handeln in der Geschichte und in den Menschen, die er zur Verwirklichung seines Heilsplanes erwählt hat, offenbart. Die „Geheimnisse des Reiches Gottes" kennen zu dürfen ist ein Geschenk des Vaters. Maria ist eines dieser Geheimnisse, in dem uns der Vater seine Liebe offenbart, um uns zu sich zu führen. Auch wenn Maria uns als Schwester im Leben und im Glauben nahe ist, sie bleibt zugleich die heilige Mutter Gottes, die an der Seite ihres Sohnes in der ewig vollendeten Gemeinschaft der Dreifaltigkeit verherrlicht ist. Sie ist ein Geheimnis der Gnade, das sich nur allmählich, unter dem Einfluß des Heiligen Geistes, verstehen läßt.

Für das Leben in Christus

Wenn Gottes Gaben auch unverdiente Geschenke sind, so bedeutet das jedoch keineswegs, daß wir nur passiv und träge abzuwarten hätten. Gottes Gnade, die Gaben, die er uns zukommen lassen will, können nur wirksam werden, wenn wir von uns aus aufnahmebereit sind und mit der Gnade zusammenwirken. Wenn Gott uns anbietet, etwas von seiner Liebe in und durch Maria zu erfahren, können wir von uns aus mitwirken, indem wir Maria zu unserer „geistlichen Wohnung" machen. Sie wird dann zur bleibenden Umgebung unseres Gebetes und unseres Tun und Denkens.
Wenn Montfort deshalb sagt: „Man muß alles in Maria tun" (WMV 261), dann hat er zweierlei vor Augen.
Zum einen soll das Verweilen in und bei Maria vor den Gefahren im geistlichen Leben, insbesondere vor jeder Christus und seinem Evangelium entgegengesetzten Haltung, bewahren und beschützen. Weil Maria ohne Sünde, immer offen für Gott und frei von jeglicher Selbstsucht ist, „begeht nie eine schwere Sünde, wer geistlich in ihr bleibt" (WMV 263).
Zum zweiten ist Maria gemäß dem Willen Gottes mütterlicher Schoß, aus dem die Menschen wiedergeboren werden für die Gnade. Es ist ein Bild, das sich schon beim heiligen Irenäus findet. Montfort will verdeutlichen, daß Maria nicht nur durch das Wirken des Heiligen Geistes den Sohn Gottes empfangen hat, sondern ihn auch in den Herzen der Gläubigen hervorbringen soll. Es ist ihre Sendung, Christus in den Gläubigen entstehen und wachsen zu lassen. Die Seele – sagt Montfort – muß sich mit Vertrauen Maria überlassen und in ihr verweilen, damit „sie in Christus und Christus in ihr gebildet werde" (WMV 264).
Dabei hat Montfort jenes „in Christus" vor Augen, mit dem Paulus und Johannes das Geheimnis unserer Einfügung in Christus verkünden. Das Sein des Christen ist ein

„Sein in Christus", der unser einziger Mittler für die Begegnung mit dem Vater und unser Weg ist und durch den wir „Söhne im Sohn" werden. Weil Maria vollkommen eins ist mit dem Herrn, führt das geistliche Verweilen in ihr, die Lebensgestaltung mit ihr und in Orientierung an ihrer Glaubens- und Lebenshaltung, hin zum „Sein in Christus". Es führt uns zu Christus selbst, der uns mit sich nimmt zum Vater.

Alles in Maria

Man muß alles in Maria tun. Um diese geistliche Haltung recht zu verstehen, muß man folgendes wissen:
1. Die Jungfrau Maria ist das wahre irdische Paradies des neuen Adam, und das alte irdische Paradies war einfachhin ein Symbol dafür. In diesem neuen irdischen Paradies gibt es unerklärliche Kostbarkeiten, Schönheiten, Wunder und Wonnen, die Jesus Christus, der neue Adam, dort zurückgelassen hat. In ihm hat er neun Monate lang seine Freude gefunden, seine Wunder gewirkt und seine Reichtümer mit der Freigebigkeit Gottes ausgebreitet.
Dieser heilige Ort besteht aus jungfräulicher, unbefleckter Erde, und aus dieser gleichen Erde hat der Heilige Geist, der ihr innewohnt, rein und makellos den neuen Adam gebildet und genährt.
In diesem irdischen Paradies steht der wahre Baum des Lebens, der die Frucht des Lebens, Jesus Christus, getragen hat; der Baum der Erkenntnis von Gut und Böse, der der Welt das Licht geschenkt hat.
An diesem göttlichen Ort stehen Bäume, die Gott gepflanzt und mit seiner Salbung begossen hat. Sie haben getragen und tragen noch immer jeden Tag Früchte mit himmlischem Geschmack. Da gibt es Beete, geschmückt mit prächtigen Blumen, die einen Duft ausströmen, der selbst die Engel berauscht; da sind Wiesen, grün von Hoffnung,

uneinnehmbare Türme der Stärke, vertraulich einladende Häuser... Nur der Heilige Geist kann uns die Wahrheit erkennen lassen, die sich hinter diesen materiellen Dingen verbirgt.

An diesem Ort atmet man die gesunde Luft der Reinheit; da herrscht der schöne Tag der heiligen Menschheit ohne Nacht; da scheint die strahlende Sonne der Gottheit ohne Schatten; da glüht ohne Unterlaß der Feuerofen der Liebe, in dem das Eisen durchglüht und in Gold verwandelt wird. Da fließt der Strom der Demut, der in dieser Erde entspringt, sich in vier Arme – die vier Kardinaltugenden – teilt und diesen zauberhaften Ort bewässert.

Welch ein Reichtum, welche Herrlichkeit, welch Entzükken! Welche Seligkeit, in Maria eintreten und wohnen zu dürfen, in die der Allerhöchste den Thron seiner Herrlichkeit gestellt hat!

Aber wie schwer ist es für Sünder wie uns, die Erlaubnis, die Fähigkeit und das Licht zu erhalten, einen so erhabenen und heiligen Ort zu betreten, der nicht wie das irdische Paradies von einem Cherub bewacht wird, sondern vom Heiligen Geist selbst, der sein unumschränkter Herr ist. Er sagt von der Jungfrau Maria: „Ein verschlossener Garten bist du, meine Schwester, meine Braut, ein verschlossener Garten, eine versiegelte Quelle."

Maria ist ein verschlossener Garten! Maria ist eine versiegelte Quelle! Die elenden Kinder Adams und Evas, die aus dem irdischen Paradies vertrieben sind, können in dieses neue Paradies nur durch eine besondere Gnade des Heiligen Geistes eintreten, die sie erst verdienen müssen (WMV 261–263).

Maria ehren

Wer nur mit verschränkten Armen dasteht und nichts tut, trägt auch nichts bei zum Aufbau einer neuen Welt, wohl aber liefert eine solche Haltung die Welt den Kräften des Bösen noch mehr aus. Das II. Vatikanische Konzil sagt deutlich, „daß man von einem Glied, das nicht nach seinem Maß zum Wachstum des Leibes beiträgt, sagen muß, es nütze weder der Kirche noch sich selber" (Dekret über das Apostolat der Laien, 2). Und Mutter Teresa von Kalkutta hat ihr Leben unter das Motto gestellt: „Etwas Schönes für Gott tun".

Das ist keine moralische Forderung, sondern erwächst unmittelbar aus der Liebe. Die Liebe drängt dazu, etwas für den Geliebten zu tun, sich für ihn einzusetzen, ihm eine Freude zu machen... Liebe macht erfinderisch und dynamisch... Und sie läßt nicht schweigen: Der Liebende will von seiner Liebe erzählen.

Wenn das Evangelium als wichtigste Haltung des Christen die Liebe nennt, wenn der Christ sich beschreiben läßt als ein von Gott Geliebter, dann wird er, wenn er liebend antwortet, sich für die Ausbreitung des Reiches Gottes einsetzen, er wird von der Liebe Gottes zum Menschen in Wort und Tat verkünden. „Weh mir, wenn ich das Evangelium nicht verkünde", sagt der heilige Paulus (1 Kor 9, 16). Er kann nicht anders, als das Geschenk des Glaubens weiterzugeben und so an dem von Gott entworfenen und in Christus zusammengefaßten Liebesplan mitzuwirken. In diesem göttlichen Liebesplan hat Maria eine besonders herausragende, einmalige Rolle. Deshalb wird ihr besondere Ehre zuteil.

Gott allein die Ehre

Montfort beschließt seine *Abhandlung über die wahre Marienverehrung* mit den Worten:

„Ehre sei Jesus in Maria!
Ehre sei Maria in Jesus!
Ehre sei Gott allein!" (WMV 265).

Dabei hat Montfort die biblische Bedeutung des Begriffes „Ehre" vor Augen. Das lateinische Wort „gloria", das wir mit „Ehre" oder auch „Herrlichkeit" übersetzen, steht in der Heiligen Schrift für das hebräische Wort „kabod". In der Bedeutungsfülle, die dieses hebräische Wort im Alten Testament hat, bezeichnet „kabod"

„das, was gewichtig ist, was Gewicht verleiht, was einem Sein seine Bedeutung, seinen wirklichen Wert gibt. In diesem Sinn ist dann ‚gloria': Reichtum, Zustand, Vermögen. Und ‚jemand Ehre erweisen' bedeutet soviel wie ‚seine Bedeutung anerkennen' (1 Sam 6, 5)" (J. Dheilly).

Daraus ergibt sich ganz selbstverständlich, daß niemand so geehrt werden darf wie Gott, weil niemand eine größere Bedeutung hat als er. Deshalb behält sich Gott selbst seine Ehre vor: „Ich bin der Herr... ich will meine Ehre keinem anderen geben, noch meinen Ruhm an die Götzen" (Jes 42, 8). Das gleiche kommt zum Ausdruck in den Worten: „Du sollst den Herrn, deinen Gott anbeten und ihm allein dienen" (Dtn 6, 13).

Während Gott den falschen Göttern und den Götzen gegenüber eifersüchtig über seine Ehre wacht, so zeigt er sich seinen Geschöpfen gegenüber äußerst großzügig und läßt sie am Glanz seiner Herrlichkeit teilhaben. Davon singen die Psalmen: „Die Himmel erzählen die Ehre Gottes" (Ps 19, 2), ja Gott hat den Menschen mit „Ehre und Hoheit" (Ps 8, 6) gekrönt. Die Herrlichkeit Gottes erfüllt die Erde und besonders den Tempel (Num 14, 21; 1 Kön 8, 10–11).

Sie leuchtet aber vor allem auf in Christus, dem „Abglanz der Herrlichkeit des Vaters" (Hebr 1, 3) und dem „Herrn der Herrlichkeit" (1 Kor 2, 8).
Jesus behält die Herrlichkeit nicht für sich, sondern wendet sie seinen Jüngern zu: „Und ich habe ihnen die Herrlichkeit gegeben, die du mir gegeben hast; denn sie sollen eins sein, wie wir eins sind" (Joh 17, 22). Deshalb können die Christen von sich sagen:

> „Wir alle spiegeln mit enthülltem Angesicht die Herrlichkeit des Herrn wider und werden so in sein eigenes Bild verwandelt, von Herrlichkeit zu Herrlichkeit, durch den Geist des Herrn" (2 Kor 3, 18).

Maria – Zierde der Kirche

Dieses Wort des Apostels Paulus gilt in besonderer Weise von Maria. Gott tut Großes an ihr (Lk 1, 49) und offenbart so in ihr seine Herrlichkeit. Deshalb wird Maria von allen Geschlechtern selig gepriesen (Lk 1, 48). Die Verehrung, die Maria zuteil wird, fällt letztlich auf den Ursprung ihrer Größe, auf Gott, zurück. Was das Volk Israel einst Judith zusprach, gilt auch von Maria:

> „Du bist der Ruhm Jerusalems, du bist die große Freude Israels und der Stolz unseres Volkes. Mit deiner Hand hast du das alles getan, du hast segensreiche Taten für Israel vollbracht, und Gott hat daran Gefallen gehabt. Sei gesegnet vom Herrn, dem Allmächtigen, für ewige Zeiten" (Jdt 15, 9 b–10).

Die Kirche kann deshalb nicht umhin, von Maria zu sprechen, die die erste gewesen ist, die an Christus geglaubt und der Welt den Erlöser geschenkt hat. Deshalb gebührt ihr ein besonderer Platz in der Evangelisation, im Apostolat und im geistlichen Leben des Christen. Wer die Geschichte Gottes mit den Menschen, wer den göttlichen

Heilsplan annimmt, wie er ist, kann an Maria nicht einfach vorbeigehen, sondern muß ihre Aufgabe in der Heilsgeschichte anerkennen – und damit die Bedeutung, die ihr zukommt – und ihr als Mutter des Erlösers und als Mutter der Gläubigen die Ehre geben.

Für Montfort heißt das, daß wir alles für Maria tun sollen. Damit ist gemeint, daß wir so handeln sollen, wie es Maria gefällt und wie sie an unserer Stelle handeln würde, daß wir also das eigene Handeln vom Evangelium her gestalten und Christus in den Mittelpunkt unseres Lebens stellen.

In seiner praktischen Art wird Montfort noch konkreter. Er empfiehlt, man solle etwas „Großes für Maria tun", und hat dabei die Kunstwerke, die Heiligtümer und Gedenkstätten, aber auch die Hilfswerke vor Augen, die zu Ehren Marias errichtet worden sind. Er spricht davon, man solle Marias „Vorrechte verteidigen" und ihre „Ehre schützen". In diesem Hinweis spiegelt sich wider, daß Montfort in einer Zeit lebte, die der Marienverehrung sehr kritisch gegenüberstand. Auch heute gilt, daß Maria falsche und übertriebene Verehrung nicht nötig hat, zugleich aber auch jeder Minimalismus vermieden werden sollte. Die Kirche hat seit den ersten Jahrhunderten gegen diejenigen gekämpft, die in Maria nur eine gewöhnliche Frau sahen und dabei die Heilige Schrift außer acht ließen, die Maria als jungfräuliche Mutter Christi vorstellt und „gebenedeit unter den Frauen" (Lk 1, 42) nennt. Montfort fordert dazu auf, die Herrlichkeit Marias, das heißt ihre Bedeutung, ihre Rolle im göttlichen Heilsplan oder vielmehr: in ihr Jesus hervortreten zu lassen, der ihre Herrlichkeit ist.

Schließlich gibt Montfort sich nicht mit einer privaten Marienfrömmigkeit zufrieden, sondern möchte „alle für diese wahre und gediegene Form der Marienverehrung gewinnen". Er selbst wollte seine Erfahrung mit Maria an andere weitergeben, weil er in der wahren Marienverehrung einen Weg entdeckt hatte, der zu einem vertieften Christsein führt. Auch wir können unsere Erfahrungen an andere weitergeben, jene marianische Haltung, die nicht in großen Worten besteht, sondern die „aus dem wahren Glauben hervorgeht, durch den wir zur Anerkennung der Erhabenheit der Gottesmutter geführt und zur kindlichen Liebe zu unserer Mutter und zur Nachahmung ihrer Tugenden angetrieben werden" (LG 67).

Alles für Maria

Wir müssen alles für Maria tun.
Denn da man sich ganz ihrem Dienst geweiht hat, ist es richtig, alles für sie zu tun wie ein Diener, Knecht oder Sklave. Damit ist nicht gesagt, daß Maria als das eigentlich letzte Ziel unserer Dienste betrachtet wird. Das eigentlich letzte Ziel ist allein Jesus Christus. Man dient Maria als dem nächstliegenden Ziel, als dem geheimnisvollen Milieu, als dem einfachen Mittel für die Begegnung mit Christus.
Wie ein guter Diener und Sklave darf man nicht müßig bleiben. Man muß – unter ihrem Schutz – große Dinge für diese erhabene Königin tun: ihre Vorrechte verteidigen, wenn sie ihr bestritten werden; ihre Ehre schützen, wenn sie angegriffen wird; so viele wie möglich für ihren Dienst und für diese wahre und echte Frömmigkeitsform gewinnen. Man muß seine Stimme gegen die erheben, die Mißbrauch treiben mit der Marienverehrung, um den Sohn zu beleidigen, und muß zur gleichen Zeit die wahre Verehrung festigen. Als Belohnung für diese kleinen Dienste dürfen wir von ihr nur die Ehre erwarten, einer so liebenswerten Königin anzugehören, und die Glückseligkeit, von ihr durch ein für Zeit und Ewigkeit unlösbares Band mit ihrem Sohn Jesus Christus verbunden zu sein.
Ehre sei Jesus in Maria!
Ehre sei Maria in Jesus!
Ehre sei Gott allein! (WMV 265).

Mit Maria im Dienst für den Herrn und die Mitmenschen

Unser Empfinden für den Wert menschlicher Freiheit ist heute besonders ausgeprägt. Wir sind darum auch besonders sensibel für alles, was im Widerspruch zur Freiheit zu stehen scheint. Dazu gehören auch manche Begriffe und Aussagen, die sich in der Heiligen Schrift und bei geistlichen Schriftstellern häufiger finden.
„Dienst" oder – wenn man das in der Heiligen Schrift gebrauchte griechische Wort „douleia" richtig übersetzt – „Sklavenschaft" ist ein solcher Begriff. Niemand nennt sich heute Diener oder Sklave, weil ihm das ein Verzicht auf die eigene Unabhängigkeit und Autonomie schiene, der ihn in eine Situation erniedrigender Unterlegenheit und des Verlustes der eigenen Würde bringen würde.
In Wirklichkeit aber, so Paul VI.:

> „sind Dienst und Freiheit keine Gegensätze... Sie können sich im gleichen Zusammenhang wiederfinden, mit einander ergänzender Bedeutung für ein und dieselbe religiöse oder moralische Haltung, zum Beispiel müssen wir in Freiheit Gott, Christus, der Kirche und dem Nächsten dienen."

Seitdem Jesus sich selbst Diener des Vaters und der Brüder genannt (Mk 10, 45; Lk 22, 27; Joh 13, 15–16), ja sogar sich selbst geopfert hat,

> „bezeichnet das Wort ‚dienen' nicht mehr eine unerträgliche Erniedrigung für die Würde und Freiheit des Menschen, sondern wenn man sieht, in welcher Funktion und zu welchem Ziel Jesus es sich zu eigen gemacht hat, erlangt es den sehr hohen moralischen Wert der Selbst-

hingabe, des Heroismus, des Opfers, der unbegrenzten Liebe" (Paul VI., Audienz am 25. 8. 1971).

Der Weg Gottes

Es sind keine theoretischen Erwägungen, die Montfort dazu bewegen, die wahre Marienverehrung als eine Art „Liebessklavenschaft" (WMV 70–77; 169–170; 244–245) zu bezeichnen, sondern das Lebensbeispiel Jesu selbst. Schon im Geheimnis der Menschwerdung offenbart Christus, daß er aus Liebe den Weg des Dienens und des Gehorsams und nicht den Weg der Macht und der Herrlichkeit gewählt hat. Der Christushymnus, den Paulus im Brief an die Philipper überliefert, bringt dies eindrucksvoll zum Ausdruck:

> „Christus Jesus war Gott gleich, hielt aber nicht daran fest, wie Gott zu sein,
> sondern er entäußerte sich und wurde wie ein Sklave und den Menschen gleich.
> Sein Leben war das eines Menschen; er erniedrigte sich und war gehorsam bis zum Tod, bis zum Tod am Kreuz" (Phil 2, 6–8).

Im Reich Gottes ist somit alles auf den Kopf gestellt. Gott beginnt den Abstieg in das nicht mehr menschlich zu nennende Dasein eines gekreuzigten Knechtes. In der Menschwerdung nimmt Jesus die Gestalt eines Knechtes, eines Sklaven an, also die Gestalt des verneinten, verkauften, vermarkteten, auf ein Ding zurückgestuften Menschen. Denn Jesus wollte sich mit der entmenschlichten und dem Tod versklavten Menschheit solidarisch machen, um ihre Ketten um den Preis völliger Selbsthingabe zu zerreißen.
Das ist der Weg Gottes zum Menschen: Er entsagt sich selbst, um zu dienen. Und der Mensch...? Der Mensch bleibt lieber eine kleine Gottheit, eingeschlossen in den

Teufelskreis seines Egoismus. Das Heil aber liegt auf dem Weg der demütigen und dienstbaren Liebe, auf jenem Weg, den Christus im Gehorsam zum Vater gewählt hat.

Das ganze Leben Christi steht im Zeichen liebender Abhängigkeit vom väterlichen Du, mit dem er immer im vertrauten Gespräch bleibt, um zu erkennen, welche Richtung er seiner Sendung geben soll. Jesus weist Bequemlichkeit, leichte Erfolge und Herrschaft über andere als Versuchungen zurück. Er will nur der „Sohn-Knecht" des Vaters sein, weil er die Logik des Dienens, der Gewaltlosigkeit und der Liebe auf Kosten des eigenen Lebens übernommen hat:

> „Weg von mir Satan! Es steht geschrieben: Du sollst den Herrn, deinen Gott, anbeten und ihm allein dienen..." (Mt 4, 10).
>
> „Meine Speise ist es, den Willen dessen zu tun, der mich gesandt hat" (Joh 4, 34).

Sterbend am Kreuz kann Jesus seine Sendung als erfüllt betrachten: „Es ist vollbracht" (Joh 19, 30). Er ist der „Knecht Jahwes", gerade weil er sich im Dienst für die Brüder hingegeben und sie geliebt hat bis zur Vollendung.

Maria, die Magd des Herrn

Dieses Verständnis von Anbetung und Dienst für Gott finden wir auch bei der Mutter Jesu, die sich „Magd und Sklavin des Herrn" (WMV 72) genannt hat. Anstatt sich an ihre messianische Mutterschaft als Quelle besonderer Rechte und irdischer Ehren zu klammern, nennt sie sich mit Vorliebe „Magd des Herrn" (Lk 1, 38.48), ein Titel, der ihre vollkommene Verfügbarkeit für die Heilsaufgabe, die Gott ihr anvertraut hat, zum Ausdruck bringt.

„Diener" oder „Knecht Gottes" beziehungsweise „Magd

des Herrn" ist in der Heiligen Schrift ein Ehrentitel. Es ist Hinweis auf ein tiefes und engagiertes Leben mit und für Gott. Im Alten Testament hat der Dienst für Gott eine dreifache Bedeutung: eine *kultische, moralische und heilsgeschichtliche.*

„Knecht Gottes" ist derjenige, der Gott im Kult anbetet, seine Transzendenz anerkennt und in die Gottesgemeinschaft eintritt. Weil Maria keinerlei Götzen hat, weder Macht noch Haben noch Sexualität noch persönliches Ansehen, denn sie betet nur den einen Gott an, deshalb ist sie eine „Magd des Herrn".

Von einem „Knecht Gottes" wird weiter gesprochen, wenn dem Bekenntnis des einen Gottes ein Leben folgt, das konsequent unter den Willen Gottes gestellt wird. Der Dienst für Gott schließt Gehorsam und Treue ein, verlangt aber zuerst die radikale Bereitschaft, den Plan Gottes anzunehmen, und Vertrauen in das göttliche Handeln auch gegen den Augenschein. Deshalb verdienen nach dem babylonischen Exil auch nur wenige Gerechte den Titel „Knecht Gottes"; es sind die „Armen Jahwes", die sich mystisch in Gott versenken und ihm vertrauen.

Auch wenn der „Knecht Gottes" ein treuer Anbeter Jahwes ist und seinen Willen erfüllt, ist er vor allem ein „Beauftragter Gottes für eine bestimmte Sendung" (F. Michaeli). Sein Leben ist also keineswegs nutzlos, denn Gott beruft ihn dazu, an der Befreiung und am Heil seines Volkes mitzuwirken.

Aus Liebe dienen

Auch Montfort hat verstanden, welche Würde den Diener Gottes auszeichnet:

> „Man kann auf Erden kein höheres Amt empfangen als den Dienst für Gott; der geringste Diener Gottes ist reicher, mächtiger und vornehmer als alle Könige und

Herrscher der Erde, die dem Herrn nicht in Treue dienen" (WMV 135).

Wer sich in Dienst nehmen läßt, macht sich damit immer auch abhängig. Aber Abhängigkeit wirkt nur dann erniedrigend, wenn sie auf das Böse gerichtet ist. Biblisch gesprochen, wird man dann zum Sklaven der Sünde (Röm 6, 16). Wenn man dagegen von Gott abhängig ist, erfährt die menschliche Persönlichkeit eine tiefe Bereicherung:

> „Je mehr ein Geschöpf sich seinem Schöpfer unterwirft, desto höher erhebt es sich" (Thomas von Aquin).

Christlich gesehen verwirklicht sich die Abhängigkeit von Gott in Freiheit und Freundschaft zum Vorteil des Menschen: „Jetzt, da ihr aus der Macht der Sünde befreit und zu Sklaven Gottes geworden seid, habt ihr einen Gewinn, der zu eurer Heiligung führt und das ewige Leben bringt" (Röm 6, 22).

Wenn Montfort sagt, daß wir Sklaven Gottes sein und auch von Maria abhängen sollen, so fügt er besorgt hinzu, daß es sich um eine „Sklavenschaft aus Liebe" handelt, die nicht erzwungen, sondern freiwillig ist, denn „Gott erforscht das Herz, fragt nach dem Herzen und nennt sich Gott des Herzens oder des liebenden Willens" (WMV 70). Im übrigen können wir, falls es uns Schwierigkeiten bereitet, den Begriff „Sklavenschaft" fallen lassen, wenn wir seinen gültigen Kern bewahren: ganzheitliche und bleibende Zugehörigkeit zu Gott in Christus.

Was sind wir nun wirklich: Freie oder Sklaven? Die Offenbarung des Neuen Testamentes besteht in der guten Nachricht, daß wir Kinder Gottes, Freunde Christi und Tempel des Heiligen Geistes sind. Wir sind befreit von der Sünde, vom Tod und von der knechtischen Furcht. Es gibt nur eine Haltung des Dienens, die mit der Gotteskindschaft nicht vereinbar ist: das Handeln aus Furcht, wenn Gott als strenger Herr betrachtet wird, der eifersüchtig über seine

Geheimnisse wacht. Die Liebe verjagt diese Art von Furcht, denn der Geist hindert daran, in die Furcht zurückzufallen (Röm 8, 15). Jesus nennt uns seine Freunde, weil er uns die Geheimnisse des Vaters anvertraut hat.

In der Freiheit der Kinder Gottes verstehen wir den wahren Sinn des Dienens, der darin besteht, für andere dazusein und sich für die Brüder und Schwestern hinzugeben, wie Christus es seinen Jüngern aufgetragen hat. Freiheit bedeutet nicht Versklavung an blinde Mächte (Magie, Aberglaube usw.), ist aber auch nicht Bindungs- und Zügellosigkeit. Die eigene Freiheit soll in Anerkennung der Herrschaft Christi verwirklicht werden; nur so wird echtes Gelingen menschlichen Lebens möglich:

> „Ihr seid zur Freiheit berufen, Brüder. Nur nehmt die Freiheit nicht zum Vorwand für das Fleisch, sondern dient einander in Liebe!" (Gal 5, 13).

Maria hat als erste Gläubige diese dem Evangelium entsprechende Haltung des Dienens vollkommen verwirklicht. Ihr ganzes Leben steht im Dienst Gottes und im Dienst Christi. Gerade deshalb wird es möglich, sich in den Dienst Marias zu stellen, was nichts anderes heißt, als mit ihr und wie sie „Magd des Herrn", „Knecht Gottes" zu werden und sich den Weg Christi, den Weg des Dienens, zu eigen zu machen.

> „Der Magd Gottes dienen heißt in Wahrheit dem Herrn dienen. Was man der Mutter schenkt, hat als Ziel den Sohn. Und die Verehrung, die der Königin erwiesen wird, wendet sich zur Ehre des Königs" (Ildefons von Toledo).

Die Christen als Diener Christi

Die Weihe besteht also in der Hingabe an Maria, die so umfassend ist, daß sie mit einer „Sklavenschaft" verglichen werden kann. Hier muß man drei Arten der Sklavenschaft unterscheiden:

– eine natürliche Sklavenschaft, das heißt die naturgegebene Abhängigkeit, durch die alle Menschen, gute wie böse, von Gott Dasein und Leben empfangen;

– eine erzwungene Sklavenschaft: so sind die Teufel und die Verdammten Gott unterworfen;

– eine freiwillige Sklavenschaft aus Liebe: sie ist Ausdruck einer frei gewählten, von der Liebe eingegebenen Ganzhingabe. Die Weihe ist eine solche „Sklavenschaft" aus Liebe in dem Sinne, daß sie uns auf vollkommenste Weise die Selbsthingabe an Gott, unseren Schöpfer, durch Maria verwirklichen läßt.

Bedenken wir aber, daß es einen großen Unterschied zwischen einem Diener und einem Sklaven gibt. Ein Diener will bezahlt werden, verpflichtet sich nur für bestimmte Arbeiten und für eine festgesetzte Zeit. Der Sklave dagegen handelt nicht um einer Belohnung willen, er verpflichtet sich für alles und für immer.

Die Weihe kann mit der Sklavenschaft nur in dem Sinn verglichen werden, daß sie bleibende und allumfassende Verpflichtung in Liebe ist, nicht aber, wenn die Sklavenschaft als Form der Unterdrückung verstanden wird, bei der der Herr auch Recht über Leben und Tod des Sklaven hat. Eine solche Sklavenschaft ist den Christen nicht erlaubt, auch wenn sie noch nicht überall von der Welt verschwunden ist.

Glücklich der Mensch, der sich Jesus Christus durch Maria weiht wie ein Liebessklave, nachdem er die tyrannische Sklavenschaft des Teufels abgeschüttelt hat! (GM 32–34).

Der höchste Wert unseres irdischen Lebens ist ohne Zweifel der Dienst vor Gott. Wenn der kleinste Diener Gottes rei-

cher, mächtiger und vornehmer ist als alle Könige und Herrscher der Erde, die nicht Diener Gottes sind, wie groß mag da der Reichtum, die Macht und die Würde des treuen und vollkommenen Dieners Gottes sein, der sich ganz und gar seinem Dienst hingibt, soweit es ihm möglich ist. Das ist ein treuer und liebender Sklave Jesu, der sich ganz und gar dem Dienst für diesen König der Könige durch seine heilige Mutter hingegeben hat und nichts für sich selbst zurückbehält. Alles Gold der Erde und alle Schönheiten des Himmels sind nicht so viel wert wie er (WMV 135).

Im Zeichen des Vertrauens

Das älteste uns überlieferte Mariengebet stammt aus dem 3. Jahrhundert:

> „Unter deinen Schutz und Schirm fliehen wir, o heilige Gottesmutter. Verschmähe nicht unser Gebet in unseren Nöten, sondern erlöse uns jederzeit von allen Gefahren. O du glorreiche und gebenedeite Jungfrau."

Schon sehr früh haben Christen die Erfahrung gemacht, daß sie der Gottesmutter etwas zutrauen und sich ihr anvertrauen können und daß solches Vertrauen nicht enttäuscht wird. Die vertrauensvolle Hinwendung zu Maria ist immer ein zentrales Moment der Marienverehrung geblieben. So hat Papst Pius XII. bei der Weihe der Welt an das Unbefleckte Herz Marias gesagt:

> „In dieser tragischen Stunde der Menschheitsgeschichte vertrauen wir dir, deinem Unbefleckten Herzen, nicht nur die heilige Kirche..., sondern die ganze Welt an, übergeben und weihen sie dir" (31. 10. 1942).

Und Papst Johannes Paul II. hat es so ausgedrückt:

> „Nimm die ganze Menschheitsfamilie unter deinen Schutz; wir vertrauen sie dir, unserer Mutter, mit herzlicher Zuneigung an" (8. 12. 1981).

Das Vertrauen zu Maria steht auch im Mittelpunkt der wahren Marienverehrung des heiligen Montfort. Immer wieder kommt er darauf zu sprechen, daß die Hingabe an Maria nichts anderes bedeutet, als sich ihr mit allem, was wir sind und haben, anzuvertrauen.

> „Durch diese Frömmigkeit vertrauen wir der heiligen

und treuen Jungfrau Maria alles an, was wir haben. Wir machen sie zur Bewahrerin aller unserer natürlichen und gnadenhaften Güter. Ihrer Güte vertrauen wir uns an, wir stützen uns auf ihre Macht und verlassen uns auf ihr Erbarmen und ihre Liebe" (WMV 173).

Aber damit ist kein blindes Vertrauen gemeint, kein passives Sich-selber-Aufgeben und auch keine infantile Abhängigkeit. Es ist ein Vertrauen, das die eigene Gewissensentscheidung und die persönliche Freiheit nicht aufhebt und das persönliche Bemühen nicht überflüssig werden läßt. Montfort betont, daß die vertrauensvolle Hingabe an Maria nur dann in Ordnung ist, wenn sie mit der Bereitschaft zur Übernahme der persönlichen Verantwortung verbunden ist. Das Vertrauen in Maria darf nicht entfremden und zu einer Flucht aus der Realität werden. Es ist vielmehr „ein Vertrauen, das ohne Anmaßung ist und die persönliche Bemühung um den Erwerb der Tugenden und die Beherrschung der Leidenschaften einschließt" (WMV 181).

Das Vertrauen zu Maria ist aber auch deshalb nicht blind, weil wir wissen, wem wir vertrauen. Maria ist und bleibt die Mutter Jesu, und Jesus selbst hat sie zur Mutter seiner Jünger berufen. In ihrer Mütterlichkeit läßt sie Gottes Barmherzigkeit und Liebe erfahrbar werden (WMV 85) und vermittelt uns die Ahnung, daß wir nicht von einem blinden Schicksal in die Welt geworfen sind, sondern uns aufgehoben wissen dürfen in der Liebe Gottes, auch da, wo es für uns am schwierigsten ist, an diese Liebe zu glauben: in der Begegnung mit Leid und Sterben.

Montfort sieht den wichtigsten Grund für das Vertrauen zu Maria in ihrer Treue. Maria ist Gott und den Menschen treu, das kennzeichnet ihr ganzes Leben. Im Glauben übernimmt sie ihre Aufgabe als Mutter des Messias und hält an ihrem Ja zu Gott fest, auch unter dem Kreuz. Sie stellt ihr ganzes Leben in den Dienst Christi, auch über sein irdisches Leben hinaus. Sie erfüllt ihre von Gott gewollte Aufgabe als Mutter der Jünger, die immer darauf bedacht ist, für die Menschen die Gaben des Heiligen Geistes zu erbitten und sie auf ihrem Glaubensweg zu begleiten. Für Montfort ist Maria das lebendige Symbol der Treue zum Herrn:

> „Maria ist die treue Jungfrau. Durch ihre Treue zu Gott macht sie gut, was Eva durch Untreue verloren hat, und erwirkt für die, die sich ihr anvertrauen, die Treue zu Gott und die Beständigkeit" (WMV 175).

Er vergleicht Maria mit einem „festen Anker", der davor bewahrt, „im stürmischen Meer dieser Welt Schiffbruch zu erleiden", und mit der „Arche Noachs", die aus den Fluten des Bösen errettet (WMV 175). Deshalb ermuntert Montfort zum Vertrauen in Maria, an die man sich in allen Situationen wenden kann. Aber man soll nicht nur „ihren Beistand erflehen" und ihr „aufrichtig seine Leiden und Bedürfnisse sagen", sondern auf sie wie auf den Polarstern schauen, um den sicheren Hafen zu erreichen (vgl. WMV 199). Das Bild vom Polarstern verdeutlicht, daß Maria eine „Leitfigur" ist, daß sie immer die Richtung zu Jesus Christus, ihrem Sohn, weist. Gerade deshalb ist das Vertrauen in sie gerechtfertigt. In diesem Sinn empfiehlt Montfort das folgende Gebet, das dem heiligen Bonaventura zugeschrieben wird:

> „Meine liebe Herrin, ich will mit Vertrauen handeln und nichts fürchten, denn du bist meine Stärke und meine Zierde im Herrn. *Ich gehöre ganz dir, und alles, was mein ist, ist dein.* O glorreiche Jungfrau, gebenedeit unter allen Geschaffenen, ich lege dich wie ein Siegel auf mein Herz, denn deine Liebe ist stark wie der Tod" (WMV 216).

Eine kindlich-vertrauensvolle Haltung

Die wahre Marienverehrung ist innig, das heißt voll Vertrauen, dem gleichen Vertrauen, das ein Kind seiner Mutter entgegenbringt. Wer sich von dieser kindlichen Haltung leiten läßt, wendet sich in allen materiellen und geistlichen Dingen mit großer Einfachheit, Vertrauen und Innigkeit an Maria und erbittet wie von einer guten Mutter immer und überall und in allem ihre Hilfe: In Zweifeln bittet er um Erleuchtung; um Führung, wenn er sich verirrt hat; um Beistand in den Versuchungen; um Stärke in den Schwächen; wenn er gefallen ist, bittet er, wieder aufgerichtet zu werden; wenn er mutlos ist, bittet er um Ermutigung; er bittet um Befreiung von den Skrupeln, um Trost in den Kreuzen, Mühen und Widerwärtigkeiten des Lebens. Kurz, in aller Not des Leibes und der Seele ist Maria seine Zuflucht, ohne daß er fürchten müßte, diese gute Mutter zu belästigen und Jesus Christus zu mißfallen.

Durch diese Frömmigkeit vertrauen wir der heiligen und treuen Jungfrau alles an, was wir haben. Wir machen sie zur Bewahrerin aller unserer natürlichen und gnadenhaften Güter. Ihrer Treue vertrauen wir uns an, wir stützen uns auf ihre Macht und verlassen uns auf ihr Erbarmen und ihre Liebe, damit sie unsere Tugenden und Verdienste bewahre trotz der Anstrengungen von Teufel, Welt und Fleisch, sie uns zu entreißen.

Wie ein gutes Kind zu seiner Mutter, wie ein treuer Diener zu seiner Herrin sagen wir zu ihr: „Bewahre, was wir dir anvertrauen!" Meine gute Mutter und Herrin, ich sehe ein, daß ich durch deine Fürsprache bis jetzt mehr Gnaden erlangt habe, als ich verdiene. Ich weiß aus bitterer Erfahrung, daß ich diesen Schatz in einem zerbrechlichen Gefäß trage und zu schwach und zu elend bin, ihn bei mir zu bewahren. Ich bin gering und verachtet. Ich bitte dich, nimm alles in Verwahrung, was ich besitze, und bewahre es mir durch deine Treue und Macht. Wenn du mich behütest, werde ich nichts verlieren; wenn du mich stützt, werde ich nicht fallen; wenn du mich beschützt, bin ich vor meinen Feinden in Sicherheit" (WMV 107; 173).

Begegnung mit Maria in der Tiefe der Person

Eines der großen Probleme unserer Zeit ist die Entfremdung. Viele fühlen sich der Leere, der Geschwätzigkeit, dem ständigen Wirbel von Tun und Haben ausgeliefert; das Sein bleibt auf der Strecke. So haben viele das Bewußtsein ihres eigenen Selbst und ihrer persönlichen Identität verloren. Unkritisch übernehmen sie, was sie in der Zeitung lesen, und lassen sich einfach von der Meinung der Masse oder der Mehrheit mitreißen. So verurteilen sie sich selbst zu einem oberflächlichen und sinnentleerten Leben.

In der Hektik und im Lärm unserer Tage ist es notwendig, daß wir den Weg in die Tiefe wieder entdecken, den Weg in unser Herz, in die eigentliche Mitte unserer Person. Dazu brauchen wir die Stille. Sie schenkt uns die innere Sammlung, die uns hilft, zu unserem wahren Sein zurückzufinden, das zwischen so vielen Botschaften hin- und hergerissen ist. So lernen wir, die leise Stimme unseres Gewissens wieder zu vernehmen. Hilfreich ist die Betrachtung. Wer sich jeden Tag eine bestimmte Zeit freihält und sich von den täglichen Sorgen, Tätigkeiten und aller Hast freimacht, um sich in sich selbst und in das Wort Gottes zu vertiefen, findet zurück zum Wesentlichen. Von den Orientalen können wir dabei lernen, auf unsere Atmung zu achten. Es ist eine einfache Übung: Man atmet tief und langsam aus und spricht dabei in Gedanken: loslassen – niederlassen; in der folgenden Atempause sagt man: eins werden und beim Einatmen: neu werden. Diese einfache Übung führt nach kurzer Zeit zu einer tiefen Selbsterfahrung.

„Maria atmen"

Bei der Beschreibung der Wirkungen der Weihe an Jesus durch Maria verwendet Montfort ein auf den ersten Blick etwas merkwürdiges Bild:

> „Wann kommt die Zeit, in der die Seelen Maria atmen, wie der Leib die Luft? Zu dieser Zeit werden auf dieser elenden Erde wunderbare Dinge geschehen..." (WMV 217).

„Maria atmen", das mutet wie ein gewagter Vergleich an, den ein Heiliger erfunden hat, um die Marienverehrung zu beleben. Das gleiche Bild gebraucht Montfort in einem anderen Zusammenhang: „Wie die Atmung ein sicherer Hinweis ist, daß der Leib nicht tot ist, so sind häufige Gedanken und liebevolle Anrufungen Marias ein sicheres Zeichen, daß die Seele nicht tot ist durch die Sünde" (WMV 166). Dabei beruft er sich ausdrücklich auf den Kirchenvater Germanus von Konstantinopel († 733):

> „Denn wie unser Leib durch die Tatsache, daß er atmet, ein untrügliches Zeichen gibt, daß er lebt, so wird dein heiliger Name, der unaufhörlich im Munde deiner Diener ist und überall und jederzeit und bei jeder Gelegenheit angerufen wird, nicht nur Zeichen, sondern Ursache des Lebens, der Freude und der Hilfe" (Oratio in sanctae Deip. Zonam, PG 98, 378–379).

Montfort greift den Gedanken des heiligen Germanus auf, um zu verdeutlichen, daß es zum christlichen Leben gehört, an Maria zu denken und ihre Fürsprache anzurufen. Wer als Kind Gottes lebt und davon überzeugt ist, daß dieses Leben in Christus und im Heiligen Geist unter der Mitwirkung Marias vom Vater kommt, anerkennt auch, daß Maria die Mutter der Jünger ist. Für Montfort folgt daraus, daß der Gedanke an Maria ein untrügliches Zeichen dafür ist, daß das Leben des Geistes im Menschen nicht tot ist.

Derselbe Geist Christi, sagt ein anderer marianischer Schriftsteller, der Italiener Michele di s. Agostino († 1684), der uns „Abba, Vater" rufen läßt, läßt uns auch „Gegrüßet seist du, Mutter" sprechen.

Dieses Bild hat also seinen Ursprung in dem Gedanken der Kirchenväter, daß Maria „Ursache des Lebens, der Freude und der Hilfe" ist. Aber Montfort will damit auch zum Ausdruck bringen, daß die Hinwendung zu Maria im Leben des Christen so selbstverständlich werden soll wie das Atmen. Deshalb schlägt Montfort – neben dem Rosenkranzgebet – die Wiederholung kurzer Anrufungen vor. So kann man beispielsweise „jeden Morgen 60- oder 100mal sagen: ‚Ave Maria, du treue Jungfrau', um auf ihre Fürsprache während des Tages von Gott die Treue zu seiner Gnade zu erlangen; und am Abend kann man sprechen: ‚Ave Maria, Mutter der Barmherzigkeit', um durch sie die Verzeihung der am Tage begangenen Sünden von Gott zu erbitten" (WMV 116).

In gleicher Weise empfiehlt er, jeden Tag die Weihe zu erneuern mit den Worten:

> „Ich bin ganz dein, und alles, was ich besitze, gehört dir, mein geliebter Jesus, durch Maria, deine heilige Mutter" (WMV 233).

Auch die alte Übung der Stoßgebete greift er auf, wenn er rät, immer wieder kurze Sätze zu wiederholen, etwa: „Ich entsage mir selbst und schenke mich dir, meine liebe Mutter." Damit soll erreicht werden, daß wir wie Maria das ganze Leben jeden Augenblick mit Gott leben.

Im Rhythmus des Atems

Es gibt ein Gebet der Ostkirche, das in einer im Rhythmus des Atems ständig wiederholten Anrufung besteht: „Jesus, Sohn Davids, hab Erbarmen mit mir, Sünder." Die Wieder-

holung soll das Jesus-Gebet vom Kopf ins Herz sinken lassen, vom Wort zum Leben erwecken. Der Atemrhythmus hilft dabei, daß dieses Gebet die ganze Existenz durchdringen kann, damit so eine Begegnung mit Jesus und Maria in der Tiefe der Person geschehen kann. Aus dem Neuen Testament wissen wir, daß der Christ Tempel des lebendigen Gottes ist und bewohnt vom Heiligen Geist (1 Kor 6, 19; Röm 8, 11). Die Begegnung mit dem heiligmachenden Geist geschieht im Herzen, in der verborgenen Tiefe der Person, im Personzentrum, im tiefsten Kern des Wesens: „Die Liebe Gottes ist ausgegossen in unsere Herzen durch den Heiligen Geist, der uns gegeben ist" (Röm 5, 5).
Jesus ist nicht nur mitten unter den Glaubenden, er ist durch den Glauben und die Eucharistie auch in ihnen gegenwärtig (Gal 2, 20; Eph 3, 17; 1 Kor 10, 16). In seinem verherrlichten Leib ist Jesus der Mittler des Heiles und Quell des Lebens für alle Menschen unabhängig von Ort und Zeit (1 Kor 15, 45).
Auch Maria hat durch die Gnade teil am Sein des auferstandenen Christus, und so ist sie mit ihm „Geist, der Leben schenkt". Wie das Leben Gottes in das Herz des Menschen eingesenkt ist, so wirkt Maria als Mutter und Helferin Gottes im Herzen des Menschen. Auf geistliche Weise, das heißt in der Kraft des Geistes, ist Maria im Herzen des Menschen gegenwärtig, damit sie dort mit der Gnade der Gotteskindschaft wirken kann. Das erklärt, wie so viele Heilige in einer Glaubenserfahrung „die süße Gegenwart Marias in der Seele" (GM 52) verspüren konnten. Auch wir können in der Tiefe unseres Herzens Christus und seiner Mutter begegnen. Dann verstehen wir nicht nur mit dem Kopf, sondern erfahren mit unserem Herzen, mit unserem ganzen Sein, daß wir Kinder des Vaters und Brüder des Sohnes sind und das Leben des Geistes in uns tragen.

Wenn wir Maria atmen werden

Wenn du dich bemühst, den Übungen dieser Form der Marienverehrung treu zu bleiben, wird Marias Seele sich dir schenken, um den Herrn zu preisen; ihr Geist wird an die Stelle des deinen treten und jubeln in Gott, ihrem Retter. „In jedem möge die Seele Marias wohnen, um den Herrn zu preisen, und der Geist Marias, um in Gott zu frohlocken" (Ambrosius). Wann wird die glückliche Zeit kommen – hat ein Heiliger unserer Tage, der sich ganz in Maria verloren hatte, gesagt –, wann wird die glückliche Zeit kommen, da Maria als Herrin und Königin in den Herzen regiert, um sie vollkommen dem Reich ihres großen und einzigen Jesus zu unterwerfen? Wann werden die Seelen Maria atmen wie der Leib die Luft? Dann werden auf dieser elenden Erde wunderbare Dinge geschehen, denn der Heilige Geist wird seine geliebte Braut als Abbild in den Seelen finden, auf sie herabkommen und sie mit seinen Gaben erfüllen, besonders mit der Gabe seiner Weisheit, um Wunder der Gnade zu wirken.

Mein lieber Bruder, wann kommt diese glückliche Zeit, dieses Zeitalter Marias, in dem viele erwählte Seelen, die Maria vom Allerhöchsten erlangt hat, sich von sich aus in den Abgrund ihres Inneren versenken und lebendige Abbilder Marias werden, um Jesus Christus zu lieben und zu verherrlichen? Diese Zeit wird nicht eher kommen, als bis die Form der Marienverehrung, die ich lehre, bekannt ist und geübt wird: „Ut adveniat regnum tuum, adveniat regnum Mariae": Damit dein Reich komme, komme das Reich Marias (WMV 217).

Der Rosenkranz

„Ich bitte euch inständig bei der Liebe, die ich in Jesus und Maria für euch empfinde: Betet den Rosenkranz, und wenn ihr Zeit habt, betet jeden Tag alle fünfzehn Gesätze. In eurer Todesstunde werdet ihr Tag und Stunde segnen, in der ihr mir geglaubt habt. Denn nachdem ihr so viele Male Jesus und Maria gebenedeit habt, werdet ihr selbst auf ewig gebenedeit sein im Himmel" (WMV 254).

Viele Christen haben heute Schwierigkeiten mit dem Rosenkranzgebet. Ihnen ist das altehrwürdige Gebet zu formalistisch, zu lang, zu wenig biblisch, zu wenig christusbezogen. Und viele, die es mit diesem Gebet versuchen, geben bald wieder auf, weil es ihnen nicht gelingt, zum Geist dieses Gebetes durchzustoßen. Montfort hat das Rosenkranzgebet besonders eindringlich empfohlen und zugleich in einer eigenen Schrift über „Das Geheimnis des heiligen Rosenkranzes" Hinweise über das Wesen dieses Gebetes und Hilfen für ein fruchtbares Beten gegeben.
Am bedeutsamsten ist für Montfort, daß der Rosenkranz *Betrachtung der Heilsgeheimnisse* ist:

„Ohne die Betrachtung der heiligen Geheimnisse unseres Heiles wäre der Rosenkranz wie ein Leib ohne Seele, wie ein vortrefflicher Gegenstand ohne Form; denn es ist gerade die Betrachtung, die ihn von anderen Frömmigkeitsformen unterscheidet" (GR 61).

Das Rosenkranzgebet ist also ein Betrachtungsgebet, in dessen Mitte das Geheimnis Jesu Christi und des durch ihn gewirkten Heiles steht. Es ist „ein Lobopfer für die

Gnade unserer Erlösung und ein frommes Gedächtnis des Leidens, des Sterbens und der Verherrlichung Christi" (GR 69).

So wird das Rosenkranzgebet zu einer *lebendigen Begegnung mit Christus:*

„Ich, für meinen Teil, kenne nichts Wirksameres, das Reich Gottes und die ewige Weisheit in uns hineinzuziehen, als den Rosenkranz zu beten und die fünfzehn Geheimnisse zu betrachten", denn wie jedes betrachtende Gebet „erleuchtet er den Geist, entflammt das Herz und befähigt die Seele, die Stimme Jesu, der ewigen Weisheit, zu hören, ihre Süße zu verkosten und ihre Schätze zu besitzen" (LEW 193).

Das Rosenkranzgebet ist zugleich ein *Lobgesang für Maria.* Montfort sagt über den Gruß des Engels, das „Gegrüßet seist du, Maria":

„Es ist das vollkommenste Lob, das wir Maria geben können" (GR 48), „eines der schönsten Lieder, mit dem wir den Allerhöchsten verherrlichen können... Danksagung für die Menschwerdung und die Erlösung" (GR 46); und sogar: „Das ‚Gegrüßet seist du, Maria' gibt kurz und bündig die ganze christliche Theologie über die Jungfrau Maria wieder" (GR 44).

Die ständige Wiederholung des „Gegrüßet seist du, Maria" bildet über den Wortsinn hinaus einen Gebetsraum, in dem das jeweilige Heilsgeheimnis umkreist, verinnerlicht und gläubig bejaht werden kann. Deshalb nennt Montfort das „Gegrüßet seist du, Maria" den „Regenbogen, das Zeichen der Milde und der Gnade, die Gott der Welt erwiesen hat" (GR 45).

Durch diese Betrachtung der Heilsgeheimnisse wird das Rosenkranzgebet zu einer *Schule christlichen Lebens.* Der Rosenkranz hilft, das eigene Leben christlicher zu machen:

„Es sind 15 Bilder, deren Darstellungen uns als Regeln und Beispiele für unsere Lebensführung dienen sollen; 15 Leuchten, die uns durch diese Welt leuchten sollen; 15 blitzende Spiegel, die in unseren Herzen das Feuer der Liebe zu Jesus und Maria entzünden sollen; 15 Feuer, die uns mit ihren himmlischen Flammen vollständig verzehren sollen" (GR 61).

Darüber hinaus gibt Montfort auch praktische Hinweise, wie man den Rosenkranz beten kann.
1. Eine erste Methode besteht darin, vor jedem Gesätz in einem kurzen Gebet das Geheimnis zu nennen und auf die Fürsprache Marias um die ihm entsprechende Gnade zu bitten, etwa so: „Herr Jesus Christus, wir opfern dir das erste Gesätz auf und betrachten deine Menschwerdung. Wir bitten dich durch dieses Geheimnis und auf die Fürsprache Marias um eine tiefe Demut."
2. Eine zweite Methode schlägt Montfort vor, „um das Leben, den Tod und die Verherrlichung Jesu und Marias zu feiern und die Ablenkungen zu verringern". Sie besteht darin, in jedes „Gegrüßet seist du, Maria" ein kurzes Wort einzufügen, das an das jeweilige Geheimnis erinnert, etwa folgendermaßen: „...und gebenedeit ist die Frucht deines Leibes, Jesus: menschgeworden... geboren... gekreuzigt... auferstanden..." oder in der bekannten Weise: „den du vom Heiligen Geist empfangen hast" usw.
3. Die dritte Methode will einen „Abriß des Lebens, Sterbens und der Verherrlichung Jesu und Marias" bieten, indem für jedes „Gegrüßet seist du, Maria" eine Szene des zu betrachtenden Geheimnisses angeboten wird. Dadurch wird der Vorstellungskraft mehr Nahrung gegeben; sie kann so die Heilsgeheimnisse von der Sünde Adams bis zur Wiederkunft Christi betrachten, ohne dabei das öffentliche Wirken Jesu zwischen der Auffindung im Tempel und seinem Leiden zu übergehen.
Montfort gibt den Rat, in der Methode abzuwechseln und

selbst Methoden zu finden. Es gibt heute zahlreiche Vorschläge zu einer Vereinfachung des Rosenkranzgebetes. Viele orientieren sich dabei am „Jesusgebet" des Ostens und bevorzugen, zehnmal nur die kurze Grußformel zu beten „Gegrüßet seist du, Maria, voll der Gnade, der Herr ist mit dir" und erst beim letzten Mal das Bittgebet als Abschluß anzufügen. Immer aber geht es darum, aus einem heruntergeleierten Gebet eine Herzenserziehung zu machen, ein tiefes Gebet, dem die Kraft eines Heilmittels innewohnt. Denn der Rosenkranz ist ein „heiligendes Gebet in dem Sinne, daß ihm eine besondere Kraft eigen ist, um allen Druck, alle Unruhe, Angst, Bosheit und Rachsucht in uns zu heilen. Wenn wir den Rosenkranz auf diese Weise beten, senkt er das Mysterium Marias und durch dieses das Mysterium ihres Sohnes Jesus in uns ein und läßt uns so, von innen heraus, in einer affektiven Kommunion, an den Früchten der Erlösung teilhaben. Er heilt unsere Seele und auch unseren Leib kann er heilen" (C. M. Martini).

Das „Gegrüßet seist du, Maria" und der Rosenkranz

Diejenigen, die sich Jesus durch Maria geweiht haben, werden mit großer Andacht den Gruß des Engels, das „Gegrüßet seist du, Maria", beten, dessen Wert, Verdienst, Vorzüglichkeit und Notwendigkeit auch unter den gebildeten Christen nur wenige kennen. Um seinen geistlichen Wert bekannt zu machen, ist Maria großen und sehr erleuchteten Heiligen erschienen, so dem hl. Dominikus, dem hl. Johannes von Capestrano, dem seligen Alanus de Rupe. Sie haben über die Wunder dieses Gebetes und seine Wirksamkeit für die Bekehrung der Seelen ganze Bücher geschrieben. Sie haben öffentlich bezeugt und gepredigt:
– Das Heil der Welt hat mit dem „Gegrüßet seist du, Maria" begonnen; so hängt auch das Heil jedes einzelnen von diesem Gebet ab.

– *Dieses Gebet ließ auf der dürren und unfruchtbaren Erde die Frucht des Lebens wachsen; wenn es gut gebetet wird, läßt es auch in uns das Wort Gottes aufkeimen und die Frucht des Lebens, Jesus Christus, wachsen.*
– *Das „Gegrüßet seist du, Maria" ist himmlischer Tau, der die Erde, das ist die Seele, benetzt, damit sie zur rechten Zeit Frucht bringt. Wer nicht vom Himmelstau dieses Gebetes benetzt ist, kann keine Frucht bringen, nur Dornen und Disteln, und sieht der Verwerfung entgegen.*
Ich weiß nicht, wie und warum es geschieht, aber es ist wahr. Ich kenne auch kein besseres Geheimnis, um zu erkennen, ob jemand zu Gott gehört: ich prüfe, ob er gerne das „Gegrüßet seist du, Maria" und den Rosenkranz betet. Ich sage, ob er sie gerne betet, denn es kann sein, daß jemand sie aus natürlichen oder übernatürlichen Gründen nicht beten kann, aber sie dennoch liebt und andere dafür begeistert.
Wie die Heiligen meinen, ist das „Gegrüßet seist du, Maria", wenn es gut, das heißt mit Aufmerksamkeit, Andacht und Bescheidenheit gebetet wird, der Feind des Teufels und schlägt ihn in die Flucht; es ist wie ein Hammer, der ihn zermalmt; es ist die Heiligung der Seele, die Freude der Engel, das Lied der Auserwählten, der Gesang des Neuen Testamentes, die Freude Marias und die Verherrlichung der Allerheiligsten Dreifaltigkeit.
Das „Gegrüßet seist du, Maria" ist himmlischer Tau, der die Seele fruchtbar macht; ein keuscher und liebevoller Kuß, den man Maria gibt; eine rote Rose, die man ihr schenkt; eine kostbare Perle, die man ihr reicht; eine Schale voll Ambrosia und göttlichen Nektars, die man ihr anbietet. All diese Vergleiche stammen von den Heiligen (WMV 249; 251).

Die Vorbereitung auf die Weihe

Montfort, der die Weihe an Jesus Christus durch Maria als Erneuerung des Taufgelübdes versteht, die „freiwillig und mit Kenntnis der Gründe" (WMV 126) geschieht, besteht auf einer intensiven, längeren Vorbereitungszeit. Denn die Weihe ist zu bedeutsam und zu anspruchsvoll, als daß man sie ohne jede Vorbereitung, gleichsam aus dem Stegreif heraus, vollziehen könnte. Montfort hat sich dabei an den „Geistlichen Übungen" des heiligen Ignatius orientiert und spricht von geistlichen Übungen für 33 Tage, deren Verlauf er folgendermaßen gliedert: Befreiung vom Geist der Welt (12 Tage), Selbsterkenntnis (1. Woche), Erkenntnis Marias (2. Woche), Erkenntnis Jesu Christi (3. Woche). So kann die Weihe zu einer bewußten und verantworteten Grundentscheidung für Christus werden, die das christliche Leben am Beispiel Marias ausrichtet.

1. Die ersten zwölf Tage
Montfort fordert dazu auf, die Welt zu betrachten, in der wir uns vorfinden, nicht nur um ihre Schönheiten und ihre Werte zu entdecken, sondern auch ihre Bedingtheiten und die Hindernisse, die sie unserer Verwirklichung als Mensch und Christ entgegensetzt. Die heutige Theologie spricht von der „Sünde der Welt", um aufzuzeigen, daß wir von Geburt an in eine Umwelt hineingestellt sind, die von der Sünde der Menschen geprägt ist, vom Mord an Abel bis zur Hinrichtung Jesu. Dank unserer Erlösung in Christus leben wir schon im Heil, müssen uns aber jeden Tag neu vom Geist des Egoismus, der die Welt beherrscht, und von den Strukturen des Bösen befreien. In diesen zwölf Tagen sollen wir unseren „Exodus" vollziehen und

den Götzen des Habenwollens, der Macht und der Selbstgenügsamkeit absagen. Nur wenn wir uns von allen menschlichen Vorhaben freimachen, die dem Heilsplan Gottes entgegenstehen, werden wir fähig, das umfassende Heil, das Jesus anbietet, auch anzunehmen. Als Leitfaden für diese Tage könnte das Konzilsdokument „Die Kirche in der Welt von heute" (Gaudium et Spes) dienen, insbesondere der Abschnitt über die „Situation des Menschen in der Welt von heute" (Nr. 4–10).

2. Die erste Woche
Sie ist dem gewidmet, wozu schon die griechische Weisheit aufforderte: „Erkenne dich selbst." Von der Betrachtung der Welt werden wir auf die Betrachtung unserer eigenen Person gelenkt. Dabei entdecken wir die Würde der menschlichen Person, die als Ebenbild Gottes geschaffen ist, die Vortrefflichkeit ihrer persönlichen wie gemeinschaftlichen Berufung, die Bedeutung des moralischen Bewußtseins und des Herzens, wo die grundlegenden Entscheidungen der Person heranreifen. Gleichzeitig sind wir gefordert, uns auch der dunklen Seite unserer Person zu stellen und unsere Irrtümer, unser Scheitern und unsere Mitverantwortung für die Sünde der Welt anzuerkennen.
Selbsterkenntnis ist nicht Selbstzweck, sondern Voraussetzung dafür, die eigene Freiheit richtig zu orientieren und sich ganz zu Gott zu bekehren (vgl. auch Gaudium et spes, 12–18). Die Stoßgebete, die Montfort empfiehlt, weisen in die richtige Richtung: „Herr, mach, daß ich sehe! Daß ich mich selbst erkenne! Komm, Heiliger Geist!"

3. Die zweite Woche
Nachdem wir über die Welt und die eigene Person nachgedacht haben, wird unser Blick auf Maria gelenkt. Wenn wir die Mutter des Herrn kennenlernen wollen, müssen wir die Heilsgeschichte betrachten, wie die Heilige Schrift

sie darstellt. In ihr können wir die einzigartige Aufgabe Marias und ihre treue Mitwirkung beim Erlösungswerk Christi erkennen. In Maria erkennen wir wie in einem Spiegel die Berufung der Kirche, die das Wort Gottes hören, ihr Ja in der Weihe an Christus sprechen, sich ganz dem Heiligen Geist öffnen, Jesus in den Herzen der Menschen hervorbringen und den Pilgerweg des Glaubens gehen soll. Die Betrachtung des irdischen und des verherrlichten Seins Marias bewegt uns dazu, sie als geistliche Mutter in unser Leben aufzunehmen, ihre Tugenden nachzuahmen, uns ihrer Fürsprache anzuvertrauen und uns Christus zu weihen, damit das Reich Gottes sich in die Welt ausbreite.

Zur Vertiefung der Kenntnis Marias kann es hilfreich sein, die Abschnitte 1–59 aus Montforts *Abhandlung über die wahre Marienverehrung* oder auch das 8. Kapitel der Konstitution über die Kirche „Lumen gentium" mit dem Titel „Maria im Geheimnis Christi und der Kirche" zu betrachten.

4. Die dritte Woche
Im aufmerksamen Hören auf den Heiligen Geist sollen wir dann versuchen, in das unauslotbare Geheimnis der Liebe einzudringen, das sich in der Person des Gottessohnes Jesus Christus offenbart. Montfort rät, täglich die Jesus-Litanei zu beten, damit wir durch die Betrachtung der christologischen Titel zu einer tieferen Vertrautheit mit Jesus finden und zu einer persönlichen Begegnung mit ihm, der unser einziger Mittler, unser größtes Vorbild in der Gottes- und Nächstenliebe, unser Weisheitslehrer und der gute Hirte ist, der uns zum Vater führt.

Durch die Betrachtung des Lebens Jesu, wie Montfort sie in seiner Schrift *Die Liebe zur ewigen Weisheit* bietet, lernen wir Christus tiefer kennen und beginnen zu verstehen, warum wir unseren Glauben an ihn erneuern und allein ihm unser ganzes Leben anvertrauen sollen. Denn das ist der Sinn der Weihe, zu der Montfort uns hinführen will: daß wir aus unserem Leben eine Liebesgabe für Christus machen im Dienst für die Brüder und Schwestern, zur Ehre des Vaters, nach dem Beispiel Marias.

Vorbereitende Exerzitien auf die Weihe

Nachdem diejenigen, die sich diese besondere Form der Marienverehrung zu eigen machen wollen, wenigstens zwölf Tage damit verbracht haben, sich vom Geist der Welt, der dem Geist Jesu Christi widerspricht, freizumachen, sollen sie drei Wochen darauf verwenden, sich durch Maria mit Jesus zu erfüllen.

In der ersten Woche sollen sie in all ihren Gebeten und Frömmigkeitsübungen um Selbsterkenntnis und um Reue über ihre Sünden bitten. Sie sollen alles im Geist der Demut tun. Wenn sie wollen, können sie zu diesem Zweck betrachten, was ich über unsere schlechten Neigungen gesagt habe. Sie sollen zu unserem Herrn Jesus Christus und seinem Heiligen Geist um Erleuchtung beten mit den Worten: „Mach, Herr, daß ich sehe" oder: „daß ich mich selbst erkenne" oder auch: „Komm, Heiliger Geist." Jeden Tag sollen sie die Litanei zum Heiligen Geist beten. Sie werden Maria um ihre Hilfe anrufen und sie um diese große Gnade bitten, die zur Grundlage für alle anderen Gnaden werden muß. Deshalb werden sie jeden Tag „Meerstern, ich dich grüße" und die Lauretanische Litanei beten.

In der zweiten Woche sollen sie sich in ihren täglichen Gebeten und Übungen darum bemühen, Maria kennenzulernen und diese Erkenntnis vom Heiligen Geist erbitten. Sie mögen lesen und betrachten, was wir schon über Maria gesagt haben. Wie in der ersten Woche beten sie die Litanei zum Heiligen Geist, „Meerstern, ich dich grüße" und den ganzen Rosenkranz oder wenigstens fünf Gesätze.

Die dritte Woche sollen sie darauf verwenden, Jesus Chri-

stus kennenzulernen. Sie können lesen und betrachten, was wir über Jesus Christus gesagt haben, und das Gebet des heiligen Augustinus beten, das sich am Anfang dieses zweiten Teiles findet. Mit Augustinus können sie auch sagen und immer wiederholen: „Noverim te" – „daß ich dich erkenne!" oder auch: „Domine, ut videam" – „Herr, daß ich sehe, wer du bist!" Wie in den vorhergehenden Wochen beten sie die Litanei zum Heiligen Geist und „Meerstern, ich dich grüße" und fügen die Jesus-Litanei hinzu.

Am Schluß dieser drei Wochen sollen sie beichten und kommunizieren in der Meinung, sich Jesus Christus durch Maria zu schenken wie ein Liebessklave. Nach der Kommunion sprechen sie das Weihegebet (WMV 227–231).

Das Magnifikat unserer Zeit

Ein gläubiges Herz kann nicht umhin, zu Gott zu singen. Es fühlt das Bedürfnis, Gott zu loben, seine Werke zu verkünden und ihm für das empfangene Leben und Heil zu danken.
In der Bibel läßt sich eine Fülle von Gebeten finden, die vom ganzen Volk oder von einzelnen Betern an Gott gerichtet werden. Der Psalter ist die bekannteste Gebetssammlung, auf die die Beter in allen Jahrhunderten zurückgegriffen haben. Er ist auch zum Gebetbuch der Kirche geworden.
Jesus Christus ist für uns der Lehrmeister wahren Betens. Immer wieder heißt es im Evangelium, daß er sich zum Gebet zurückgezogen hat, so bei besonders bedeutsamen Ereignissen, etwa bei seiner Taufe, vor der Wahl der Apostel, bei der Verklärung und beim Letzten Abendmahl, aber auch in besonders schmerzlichen Augenblicken, etwa in der galiläischen Krise, in seiner Todesangst am Ölberg und am Kreuz. Jesus kannte das einsame nächtliche Gebet, konnte aber auch in aller Öffentlichkeit zum Vater jubeln. Er warnte vor Abirrungen beim Beten, vor dem bloßen Anhäufen von Worten, einem leeren Formalismus oder dem erpresserischen Beten. Im „Vater unser" hat er uns das Urbild jedes wahren Gebetes hinterlassen.

Das Lied Marias

Auch von Maria ist im Evangelium ein Gebet überliefert, aus dem die ganze Tiefe ihrer Glaubenserfahrung hervorleuchtet und das ihr Verlangen offenbart, allen Zeiten das

Große zu verkünden, das Gott an ihr getan hat. Es ist das *Magnifikat,* das der Evangelist Lukas Maria als Antwort auf das Lob Elisabets in den Mund legt. Dieses Lied ist Ausdruck der Spiritualität Marias, die sich den „Armen Jahwes" zugehörig weiß. Diese gläubigen Israeliten erwarteten das Eingreifen Gottes in der Geschichte und das Kommen des Messias. Für Montfort ist das Magnifikat

„das größte Lobopfer, das Gott im Gesetz der Gnade erhalten hat..., der demütigste, dankbarste und zugleich erhabenste und vornehmste aller Gesänge" (WMV 255).

Das Magnifikat, „das einzige Gebet und das einzige Werk, das Maria verfaßt hat" (WMV 255), ist ein Lobgesang auf Gottes Wirken in der Heilsgeschichte. In ihm bezeugt Maria ihre persönliche Erfahrung mit Gott und offenbart, daß sie die Geschichte mit den Augen des Glaubens betrachtet.

Für das Verständnis des Magnifikat ist es wichtig, daran zu denken, daß es ein typisch biblisches Gebet ist. Es spricht nicht abstrakt, sondern aus dem Leben, nicht allgemein, sondern in konkreten geschichtlichen Umständen; es bleibt nicht individualistisch, sondern hat die ganze Geschichte des Volkes Israel im Blick. So umfaßt es Vergangenheit, Gegenwart und Zukunft: es ist Lob Gottes für das Heute, anbetendes Gedächtnis für das Gestern und sichere Hoffnung für das Morgen.

Maria beginnt das Gotteslob mit ihrer eigenen Heilserfahrung. „Ich weiß mich von Gott errettet", spricht Maria, „denn er hat in Liebe auf mich geschaut und Großes an mir getan. Er hat das Wunder des Auszugs aus der Knechtschaft Ägyptens an mir wiederholt und meine Lage gewendet. Alle Geschlechter werden seine niedrige Magd, die jetzt zur Mutter des Messias erwählt ist, selig preisen." Maria stellt ihre persönliche Gegenwart der Geschichte ihres Volkes gegenüber und erkennt, daß das, was an ihr geschehen ist, mit der üblichen Handlungsweise Gottes übereinstimmt. Er stellt die Situation der Menschen auf den Kopf; er erhöht die Armen und alle, die wie Maria den Hunger nach Heiligkeit verspüren, und erniedrigt die Reichen, die Karrieremacher, die Hochmütigen, alle, die aus ihrem Besitz und ihrer Macht Sklavenketten für ihre Mitmenschen schmieden, und stürzt sie gewaltsam zu Boden. Der Erhöhung der Demütigen entspricht die Erniedrigung der unterdrückerischen Machthaber. Für Maria offenbart Gott sein Antlitz in der Geschichte Israels als der gnädige und barmherzige, der transzendente und allmächtige Gott, als Freund und Helfer der Schwachen, als gerechter Beseitiger der ungerechten Strukturen. Im Blick auf die Zukunft hat Maria die Gewißheit, daß Gott treu zu seinem Bund steht und erfüllen wird, was er „Abraham und seinen Nachkommen auf ewig" verheißen hat.

Das Lied der Kirche

Das Lied Marias ist zum Lied der Kirche geworden, die es jeden Tag in der Vesper betet oder feierlich singt. Es ist tatsächlich ein „kirchliches Lied", denn es ist „das Lied der messianischen Zeiten, in dem der Jubel des alten und neuen Israel zusammenklingt" (MC 18). Im Magnifikat ertönt noch immer das Echo der freudigen Erwartung des Messias, und zugleich nimmt es die Stimme der Kirche, die sich auf die Wiederkunft ihres Herrn freut, schon vorweg. Montfort empfiehlt auch das Magnifikat als Gebet für alle, die sich Jesus durch Maria weihen:

> „... Sie sollen häufig das Magnifikat beten, um Gott für die Gnaden zu danken, die er Maria verliehen hat" (WMV 255).

Der Beter des Magnifikat vereint sich mit Maria in der Danksagung für die Gnadenwunder, die der Herr an ihr gewirkt hat. Aber das ist nicht der einzige Grund, das Magni-

fikat zu sprechen. An ihm können wir beten lernen: Wie Maria ausgehend von unserer eigenen Erfahrung, lenken wir den Blick auf die Geschichte und blicken voll Vertrauen in die Zukunft. Hier finden wir eine betende Theologie, denn Gott zeigt im Magnifikat sein Antlitz und läßt uns seine Heiligkeit und Liebe erkennen. Es ist ein Antlitz, das fasziniert, aber auch in die Verantwortung ruft.
Im Magnifikat lernen wir, uns auf die Seite der Armen zu stellen, für deren Befreiung und Unterstützung wir eintreten müssen. Wir können Marias Verkündigung der Absichten Gottes nicht einfach überhören. Für Christen kann es keinen Haß geben, wir dürfen auch keine blutigen Revolutionen planen, nicht einmal gegen ungerechte Unterdrücker. Aber wir müssen zu jedem erlaubten Mittel greifen, unmenschliche Situationen, die im Gegensatz zu den Absichten Gottes stehen, zu verändern.
Das Magnifikat will immer wieder daran erinnern, daß die Hingabe an Christus durch Maria Annahme und Erneuerung des von Jesus Christus gestifteten Bundes ist, der für jeden Christen durch die Taufe und die anderen Heilsbegegnungen lebendige Wirklichkeit wird. Die Einladung, die Christus, das „Amen" Gottes, und Maria, die treue „Magd des Herrn", durch ihr Beispiel an uns richten, zielt darauf hin, daß wir mit dem Ja der Treue auf Gottes langmütige und unendlich große Barmherzigkeit antworten.

Meine Seele preist die Größe des Herrn

Das Magnifikat ist das einzige Gebet und das einzige Werk, das Maria verfaßt hat, vielmehr Jesus in ihr, denn er spricht durch ihren Mund. Es ist das größte Lobopfer, das Gott im neuen Bund der Gnade empfangen hat. Es ist das demütigste und dankbarste, das erhabenste und vornehmste aller Lieder. In ihm sind so große und tiefe Geheimnisse verborgen, daß selbst die Engel sie nicht erfassen.

Der gelehrte Benzonius berichtet in seiner Erklärung des Magnifikats von mehreren Wundern, die durch seine Kraft gewirkt wurden, und sagt, daß die Teufel zittern, wenn sie die Worte hören: „Er vollbringt mit seinem Arm machtvolle Taten, er zerstreut, die im Herzen voll Hochmut sind."
Maria behält nichts für sich, als wäre sie selbst das letzte Ziel dessen, was man ihr schenkt, sondern gibt es treu weiter an Jesus Christus. Ihr etwas schenken heißt deshalb notwendig: Jesus etwas schenken. Wenn man sie lobt und verherrlicht, dann lobt und verherrlicht sie sogleich Jesus Christus. Wenn man sie lobt und preist, so singt sie heute wie damals, als Elisabet sie selig gepriesen hat: „Meine Seele preist die Größe des Herrn" (WMV 255 und 148).

Maria – eine Gabe Jesu

Es ist eine der schönsten menschlichen Erfahrungen, sich von anderen angenommen und verstanden zu wissen. Die Gastfreundschaft, die den Christen auszeichnen soll (vgl. 1 Petr 4, 9), ist der erste Schritt auf dem Weg zur Offenheit für den anderen. Das Eigentliche geschieht in der Öffnung des Herzens, wenn wir den anderen wissen lassen: „Ich nehme dich an, wie du bist." Paulus ermahnt uns zu dieser interpersonalen Annahme: „Nehmt einander an" (Röm 15, 7), denn jeder Mensch ist ein Geschenk, weil er das Bild des Schöpfers in sich trägt (Gen 1, 27) und die Gegenwart Christi in sich verbirgt (Mt 25, 35). Diese biblische Sicht verträgt sich nicht mit dem heute so ausgeprägten Individualismus, der am Ende zu der Idee führt: „Die Hölle sind die anderen" (Sartre). Wir brauchen die anderen zum Leben und Reifen, wir sind angewiesen auf ihr Mit-uns-Sein und ihre Hilfe, denn allein können wir nicht leben.

Auch Gott überwindet die Fremdheit zwischen sich und den Menschen, die vom Menschen verschuldete Trennung, nicht durch irgendein Wunder, sondern wählt den Weg der Menschwerdung, um den Menschen zu begegnen und von ihnen aufgenommen zu werden. So wird Maria zur Mutter des größten Geschenkes, das Gott den Menschen in Jesus Christus macht (Joh 3, 16). Und auch sie selbst wird zu einer „Gabe" Jesu, die seine Jünger in ihr Leben aufnehmen sollen, wie es Johannes unter dem Kreuz getan hat (Joh 19, 26–27).

Das Beispiel des Evangeliums

In den Evangelien werden uns verschiedene Begegnungen mit Maria geschildert. Der erste, der Maria bei sich aufnimmt, ist der heilige Josef. An ihn ergeht die Aufforderung: „Fürchte dich nicht, Maria als deine Frau zu dir zu nehmen; denn das Kind, das sie erwartet, ist vom Heiligen Geist" (Mt 1, 20). Gott selbst hilft ihm verstehen, was Marias plötzliche Schwangerschaft bedeutet. Josef nimmt Maria zu sich als seine Frau, und wir können nur ahnen, wie er mit ihr eine Gemeinschaft der Liebe aufbaut, in der sie gemeinsam für die heilsgeschichtliche Aufgabe leben, die Gott ihnen zugedacht hat.

Der Evangelist Lukas beschreibt uns den Besuch Marias bei Elisabet und Zacharias. Beide nehmen Maria freudig in ihr Haus auf, und die Begegnung wird zu einer tiefen Glaubenserfahrung. Der Heilige Geist erfüllt das Haus, und sogar Johannes verspürt im mütterlichen Schoß die große Freude (Lk 1, 39–44).

Die glückliche Familie von Kana in Galiläa, die Maria zur Hochzeit eingeladen und sie festlich aufgenommen hatte, konnte dank ihres Eingreifens einen vorzüglichen Wein im Überfluß anbieten, ein Symbol für die messianische Freude, die Jesus dem neuen Volk Gottes bringen will (Joh 2, 1–13).

Auch Jesus, der sich von seiner Familie gelöst hat, um sich ganz der Verkündigung des Reiches Gottes zu widmen, nimmt Maria auf, als sie mit ihren Verwandten den Sohn treffen möchte. Diese Begegnung, die auf den ersten Blick etwas Befremdendes hat (Mk 3, 31–35; Mt 12, 46–50; Lk 8, 19–21), läßt deutlich werden, daß Maria nicht mehr nur Mutter, sondern Jüngerin ist. Jesus selbst erklärt, daß sie mit ihm zur großen Familie derer gehört, die den Willen des Vaters tun.

Von besonderer Bedeutung ist der Auftrag, den der Jünger, den Jesus liebte und den wir mit Johannes identifizieren, von Jesus erhält. Er soll Maria zu sich nehmen (Joh 19, 25–27). In der entscheidenden Stunde seines Lebens, in der Stunde des Sieges über den Feind und der Wiederversöhnung der Menschheit mit dem Vater, hinterläßt der Erlöser sein Testament der Liebe in seinen letzten sieben Worten am Kreuz. Jesus vergibt seinen Henkern, verspricht dem Schächer das Paradies und vertraut Johannes seine Mutter an, bevor er seine Seele in die Hände des Vaters empfiehlt.

Die Haltung des Johannes angesichts dieser letzten Gabe seines Herrn findet sich in dem Vers, der gewöhnlich so übersetzt wird: „Und von jener Stunde an nahm sie der Jünger zu sich." Die wörtliche Übersetzung müßte eher lauten: „Der Jünger nahm sie auf unter seine Güter." Der Jünger, von dem hier die Rede ist, unterscheidet sich von den anderen Aposteln durch sein vertrautes Verhältnis zu Jesus und durch seine Beständigkeit. Beim Abendmahl lehnt er seinen Kopf an Jesu Brust, und, als alle anderen fliehen, folgt er ihm bis auf Kalvaria. Gerade diesem geliebten Jünger hat Jesus viele Gaben anvertraut, die zusammen seinen geistlichen Besitz ausmachen. Jesus hat ihm sein Wort, die heilige Eucharistie und das neue Gebot gegeben und wird ihm nach seiner Auferstehung den Heiligen Geist einhauchen. Vom Kreuz herab gibt er ihm seine Mutter: „Meine Mutter ist auch deine Mutter. Du bist nun ihr Sohn."

Diese Szene aus dem Johannesevangelium läßt sich so deuten, daß es zur Glaubenshaltung des Jüngers gehört, Maria als Mutter in sein christliches Leben aufzunehmen. Die Beziehung des Glaubenden zu Christus erweitert sich in der Beziehung zu Maria, die Christus selbst am Kreuz gestiftet hat. Jesus hat den Weg seiner Jünger offenbar so angelegt, daß sie früher oder später auf seine Mutter treffen, vielleicht weil er hoffte, daß die Gegenwart der Mutter dem Volk Gottes helfen würde, zusammen zu bleiben und zu spüren, wie leicht das Joch des Herrn ist.

Eine gegenseitige Schenkung

Montfort hat das Wort Jesu: „Siehe, deine Mutter" so wörtlich genommen, daß er seine eigene Erfahrung mit der Haltung des Lieblingsjüngers beschreiben konnte.

> „Ich habe Maria tausend und abertausendmal mit Johannes dem Evangelisten, am Fuß des Kreuzes für all mein Gut erwählt, und ebensooft habe ich mich ihr geschenkt" (GM 66).

Es wäre ein Mißverständnis, diese Erfahrung nur als Privileg eines Heiligen zu betrachten. Montfort ist der Überzeugung, daß jeder Gläubige, der für die Gaben Christi empfänglich ist, eine ähnliche Erfahrung machen kann. Sie erwächst aus Hingabe und Vertrauen:

> „Wie glücklich ist, wer alles Maria geschenkt hat, sich in allem ihr anvertraut und sich ganz und gar in sie verliert. Er gehört ganz Maria und Maria ganz ihm... Und mit dem Lieblingsjünger kann er sagen: ‚Ich habe sie erwählt für all mein Gut'" (WMV 179).

Es ist seine mystische Erfahrung mit Maria, die Montfort so sprechen läßt. Er möchte damit sagen, daß die Hingabe an Maria keine einseitige Sache ist, sondern ein gegenseitiges Sich-Schenken in Liebe und Vertrauen. Dem „Totus tuus" – „Ich bin ganz dein" dessen, der sich ihr weiht, antwortet Maria ebenso wirklich „Tota tua" – „Auch ich bin ganz dein."

> „Dem, der alles Maria schenkt und sich von dem trennt, was ihm am liebsten ist, um sie zu ehren und ihr zu dienen, antwortet Maria, die gütige und barmherzige Mutter, die sich niemals an Liebe und Großzügigkeit übertreffen läßt, mit der nicht zu beschreibenden Gabe ihrer selbst" (WMV 144).

In diesem Sinne könnte man auch sagen, daß die montfortanische geistliche Erfahrung, die in einer jahrhundertelangen Tradition verwurzelt ist, Marias Antwort, ihre Haltung gegenüber Jesu Wort: „Siehe, dein Sohn" widerspiegelt. Maria nimmt den geliebten Jünger an als eine ihr von Jesus anvertraute Gabe, als ihr Kind, dem sie Mutter ist. Deshalb trägt die im Vertrauen auf das Wort Jesu gewagte Hingabe an Maria reiche Frucht im Glaubensleben. Montfort beschreibt es in seiner Sprache so:

„Du hast dich ihr ganz, mit Leib und Seele, geschenkt, und sie, die freigebig ist gegenüber den Freigebigen, ja viel großzügiger als sie, schenkt sich dir – im Gegenzug – auf wunderbare, aber wirkliche Weise" (WMV 216).

„Maria taucht ihren treuen Diener in den Abgrund ihrer Gnaden, sie schmückt ihn mit ihren Verdiensten, sie hilft ihm mit ihrer Macht, sie erleuchtet ihn mit ihrem Licht, sie entflammt ihn mit ihrer Liebe, sie schenkt ihm ihre Tugenden..." (WMV 144).

Der Christ, der so im Sinne Montforts, das heißt im Sinne des Evangeliums, Maria in sein Leben hineinnimmt, wird – das ist die kostbare Erfahrung Montforts – auf einen Weg stetig wachsender Selbsttranszendenz und Authentizität geführt. Sein Leben wird reicher, offener und freudvoller, weil immer weniger das eigene Ich im Mittelpunkt seiner Wünsche und Bedürfnisse steht, und sein Glaube wird klarer, tiefer und echter, weil die Vertrautheit mit Jesus Christus wächst – vermittelt durch Maria. Das ist die Erfahrung vieler Christen zu allen Zeiten, die Maria ihre Bekehrung zu Christus verdanken und ihre mütterliche Hilfe bezeugen.

Ich bin ganz dein

Jemand, der ein Marienverehrer werden möchte, könnte mich vielleicht fragen, worin die wahre Marienverehrung besteht. Ich antworte kurz: Sie besteht in einer großen Hochachtung vor Marias Größe, einer großen Dankbarkeit für ihre Wohltaten, in einem großen Eifer für ihre Ehre, in einer fortwährenden Bitte um ihre Hilfe, in gänzlicher Abhängigkeit von ihrer Führung, im festen Sich-Stützen und innigem Vertrauen auf ihre mütterliche Güte (LEW 215).

Wie glücklich ist, wer alles Maria geschenkt hat, sich in allem ihr anvertraut und sich ganz und gar in sie verliert. Er gehört ganz Maria, und Maria gehört ganz ihm. Mit David kann er kühn behaupten: „Maria ist für mich geschaffen" oder mit dem Lieblingsjünger: „Ich habe sie für all mein Gut erwählt" oder mit Jesus Christus: „Alles, was ich habe, ist dein, und alles, was du hast, ist mein."

Die Jungfrau Maria, das treueste und großzügigste aller einfachen Geschöpfe, läßt sich niemals an Liebe und Großzügigkeit übertreffen. „Für ein Ei gibt sie ein Rind", sagt ein Heiliger, das heißt, für das wenige, was wir ihr geben, schenkt sie uns viel von dem, was sie von Gott empfangen hat. Wenn jemand sich ihr folglich rückhaltlos schenkt, dann schenkt auch sie sich ihm, der sein ganzes Vertrauen in sie setzt, ein Vertrauen, wohlverstanden, das ohne Anmaßung ist und nicht die eigene Bemühung vergißt, Tugenden zu erwerben und die Leidenschaften zu bezähmen.

Die treuen Diener Marias mögen deshalb mit dem heiligen Johannes von Damaskus sagen: „Wenn ich dir vertraue, Mutter, werde ich gerettet. Unter deinem Schutz fürchte ich nichts. Mit deiner Hilfe bekämpfe ich meine Feinde und schlage sie in die Flucht. Denn deine Verehrung ist eine Waffe des Heils, die Gott denen gibt, die er retten will" (WMV 179; 181–182).

Maria und die Liturgie der Kirche

Die Feier der Liturgie ist, wie das Konzil erklärt hat, „Quelle und Gipfel" des geistlichen Lebens der Kirche. In ihr werden die Heilsgeheimnisse feiernd vergegenwärtigt. Der aktive Mitvollzug der Liturgie, vor allem die tätige Teilnahme an der Eucharistiefeier, ist das wirksamste Mittel für die persönliche Heiligung und für die Begegnung mit Christus. Denn die Liturgie kreist um den innersten Kern des Christusgeheimnisses, um Leiden, Tod und Auferstehung des Herrn. Es ist das „Geheimnis unseres Glaubens", durch das wir von den Sünden befreit und in den Neuen Bund Gottes mit den Menschen aufgenommen sind (vgl. Mt 26, 26–28; Lk 22, 14–20; 1 Kor 11, 23–27). Mit dem Erlösungswerk Christi ist Maria eng verbunden, denn sie ist die

> „großmütige Gefährtin und demütige Magd des Herrn: Indem sie... mit ihrem am Kreuz sterbenden Sohn litt, hat sie beim Werk der Erlösung in durchaus einzigartiger Weise in Gehorsam, Glaube, Hoffnung und brennender Liebe mitgewirkt zur Wiederherstellung des übernatürlichen Lebens der Seelen" (LG 61).

Das zentrale Geheimnis unseres Glaubens, das in jeder Eucharistiefeier vergegenwärtigt wird, entfaltet sich in seinen einzelnen Aspekten im Laufe des Kirchenjahres, das uns in den Hochfesten und Festen die einzelnen Lebensgeheimnisse Christi vor Augen stellt. Die Marienfeste, die in das liturgische Jahr eingestreut sind, lassen die tiefe innere Verbundenheit Marias mit dem Heilswerk ihres Sohnes deutlich werden. So wird die Bedeutung Marias in der Heilsgeschichte hervorgehoben. Zugleich schaut die Kirche auf Maria, um ihre eigene Berufung und ihr eigenes Wesen zu verstehen:

„Die heilige Kirche verehrt mit besonderer Liebe Maria, die selige Gottesmutter, die durch ein unzerreißbares Band mit dem Heilswerk ihres Sohnes verbunden ist. In ihr bewundert und preist sie die erhabenste Frucht der Erlösung. In ihr schaut sie wie in einem reinen Bilde mit Freuden an, was sie ganz zu sein wünscht und hofft" (Konstitution über die Liturgie, 103).

Marienfeste im liturgischen Jahr

So begegnen wir im Bogen des liturgischen Jahres, um das Christusgeheimnis herumgruppiert, immer wieder der Mutter des Herrn. An erster Stelle sind die drei marianischen Hochfeste zu nennen: das Hochfest der Gottesmutter am 1. Januar, das Hochfest der ohne Erbsünde empfangenen Jungfrau und Gottesmutter Maria am 8. Dezember und das Hochfest der Aufnahme Marias in den Himmel am 15. August, weiter die Feste und Gedenktage, die auf die übrigen Monate verteilt sind. Diese Feste sind die eigentlichen Höhepunkte der Marienverehrung, hinter denen alle Formen privater Marienfrömmigkeit zurückstehen. Die liturgischen Feste lassen Maria im wahren Licht erscheinen, denn sie richten unseren Blick auf das Wort Gottes über Maria und laden uns ein zur Begegnung mit Christus in der Feier der Eucharistie. Sie sind bevorzugte Gelegenheiten, Gott zu loben und ihm zu danken für das Große, das er an Maria getan hat, und sie selig zu preisen (vgl. Lk 1, 48–49).

Die marianischen „Gedenktage" rechtfertigen sich nicht nur aus der Anwesenheit Marias beim „Gedächtnis" des Todes und der Auferstehung des Herrn, sondern auch weil die Kirche in Maria die *Vollendung des österlichen Geheimnisses in seiner ganzen Fülle* feiert. In Maria offenbart sich den Gläubigen die „erhabenste Frucht des Christusgeheimnisses", weil sie die einzige Gläubige ist, die die Erfahrung Jesu zur Gänze nachvollzogen und den österlichen Durchgang vom Tod zum Leben mit Leib und Seele vollendet hat.

Die Marienfeste verweisen uns deshalb zuerst auf das neue Leben, das vom Ostergeheimnis geprägt ist und in der Taufe seinen Ursprung hat. Marias Leben ist Urbild und Modell für den Lebensweg des neuen Menschen, ganz besonders weil ihr Lebensweg – wie auch derjenige Christi – nicht erst aus dem dunklen Reich der Sünde zum Glanz der Gnade führt. Dank der unverdienten Erwählung durch Gott ist Maria frei von jeder Sünde und ganz in die göttliche Liebe eingetaucht.

Das hebt nicht auf, daß Maria wie jeder Christ den Pilgerweg des Glaubens gegangen ist, der auch für sie Augenblicke der Dunkelheit und Prüfung bereithielt, das tastende Suchen und Fragen, wenn das Wort Gottes unerwartet neu und fremd für sie war (vgl. Lk 1, 29; 2, 50). Aber Maria ist die „Magd des Herrn", die ihrem Ja-Wort treu bleibt und sich ganz für die Verwirklichung der göttlichen Absichten zur Verfügung stellt. „Maria ist wahrlich die erste Christin, die wahrhaft Glaubende, die – auserwählt von der Gnade Gottes – in seinen Plan eintritt mit der Hingabe ihrer ganzen Person, mit freudigem Gehorsam und ruhigem Vertrauen in das Wort Gottes" (Max Thurian).

Der so von Hingabe, Gehorsam und Vertrauen charakterisierte Lebensweg Marias ist mit dem österlichen Weg Jesu Christi zum Sieg über das Böse und zur Erneuerung der Welt eng verbunden. Maria begleitet ihren Sohn und bewahrt alles, was geschieht, in ihrem Herzen (vgl. Lk 2, 19.51). Durch die Betrachtung der geheimnisvollen Geschehnisse, die sich vor ihren Augen ereignen, vertieft sie fortlaufend das Wissen um die Sendung ihres Sohnes. So führt sie ihr Weg bis nach Kalvaria, wo ihre Teilnahme am Opfer Christi zum Höhepunkt ihres ganz Gott geweihten

Lebens wird, das in der liebenden Annahme des Willens des Vaters zu einer „Opfergabe geworden ist, die Gott gefällt, geheiligt im Heiligen Geist" (Röm 15, 16; vgl. Röm 12, 1; Phil 2, 17; Mt 7, 21).
Die Marienfeste erinnern uns immer wieder von neuem daran, daß wir noch als Pilger auf dem Weg des Glaubens sind. Sie lassen zugleich das Ziel vor uns aufleuchten, zu dem wir unterwegs sind, und ermutigen uns, auf dem Weg zu bleiben, damit wir nicht der Gefahr erliegen, uns in Bequemlichkeit und Selbstgenügsamkeit festzusetzen. Denn zusammen mit Christus und Maria gehören wir schon zu der neuen Menschheit, die befreit ist von der Macht des Bösen und verwandelt durch die Liebe, und deren endgültiges Offenbar-Werden uns verheißen ist.

Die Weihe an Maria und die Feier der Osternacht

Der Höhepunkt des liturgischen Jahres ist die Feier der Osternacht. Sie ist der eigentliche österliche Gottesdienst, mit dem nach 40tägiger Vorbereitung die endgültige Besiegelung des Neuen Bundes durch den Sieg Jesu Christi über Sünde und Tod gefeiert wird. In dieser Feier gibt die christliche Gemeinde ihre Antwort auf das Heilshandeln Gottes mit der feierlichen Erneuerung des Taufgelübdes.
Für den heiligen Montfort ist die Weihe an Maria identisch mit einer vollkommenen Erneuerung des Taufgelübdes. Sie ist ja die bewußte und persönlich verantwortete Antwort des Menschen auf das Handeln Gottes in der Taufe, durch das wir teilhaben am Tod und an der Auferstehung Christi. Die Liturgie der Osternacht hat diesen Zusammenhang bewahrt, wenn sie im Anschluß an die Verkündigung der Osterbotschaft die Spendung der Taufe und für alle die Erneuerung des Taufgelübdes vorsieht. Es liegt von daher nahe, die montfortanische Marienweihe

bevorzugt mit der Taufgelübdeerneuerung in der Osternacht zu verbinden. Dadurch würde deutlich, daß Maria mit der in Christus geschehenen Erlösung eng verbunden ist, und zugleich der Gefahr begegnet, daß die marianische Weihe vom Handeln Christi und der Kirche isoliert wird.

Maria im Geheimnis der Erlösung

Gott Vater hat Maria seine eigene Fruchtbarkeit mitgeteilt – insoweit ein einfaches Geschöpf dazu fähig war –, um ihr das Vermögen zu schenken, seinen Sohn und alle Glieder seines mystischen Leibes hervorzubringen.
Gott Sohn ist in Marias jungfräulichen Schoß hinabgestiegen als der neue Adam in sein irdisches Paradies, um hier seine Freude zu finden und im Verborgenen Wunder der Gnade zu wirken. Dieser Gott-Mensch hat seine Freiheit darin gefunden, sich in ihrem Schoß eingeschlossen zu sehen. Er hat seine Macht gezeigt, indem er sich von diesem Mädchen umhertragen ließ. Er hat seine und seines Vaters Ehre darin gefunden, seine Herrlichkeiten vor allen Geschöpfen der Erde zu verbergen und sie nur Maria zu zeigen. Er hat seine Unabhängigkeit und Majestät dadurch verherrlicht, daß er von dieser liebenswerten Jungfrau abhängig sein wollte in seiner Empfängnis und Geburt, seiner Darstellung im Tempel und in seinem dreißigjährigen verborgenen Leben. Auch bei seinem Tod wollte er sie zugegen haben, um mit ihr das eine und gleiche Opfer darzubringen und mit ihrer Zustimmung dem Vater geopfert zu werden, wie einst Isaak mit Abrahams Zustimmung zum Willen Gottes geopfert werden sollte. Von ihr wurde er gestillt, genährt, umsorgt, großgezogen und für uns geopfert.
Welch wunderbare und unbegreifliche Abhängigkeit eines Gottes! Um uns ihren Wert und ihre Herrlichkeit zu zeigen, konnte der Heilige Geist von ihr nicht schweigen, obwohl er uns doch fast all das Wunderbare verborgen hat,

das die menschgewordene Weisheit in ihrem verborgenen Leben gewirkt hat.

Jesus Christus hat Gott Vater durch seine dreißigjährige Unterordnung unter Maria mehr Ehre erwiesen, als wenn er die ganze Erde durch die außergewöhnlichsten Wunder bekehrt hätte. Wie wird Gott verherrlicht, wenn wir uns, um ihm zu gefallen, nach dem Beispiel Jesu Christi, unseres einzigen Vorbildes, Maria unterwerfen (WMV 17–18).

Maria und die Feier der Eucharistie

Machen und Leisten wird in unserer Welt groß geschrieben. Menschen werden nach dem beurteilt, was sie (sich) leisten können. Das wird zu einer bedrückenden Erfahrung für die, die diesen Ansprüchen nicht gerecht werden können. Aber jeder macht auch die Erfahrung, daß wir uns die wichtigsten Dinge im Leben nicht verdienen können: Leben, Gesundheit, Liebe ... Das alles ist Geschenk. Wir haben keinen Anspruch darauf, wir können all das nur annehmen und dafür dankbar sein.
Der Christ weiß dabei darum, daß hinter allen Fügungen und Wechselfällen des Lebens einer steht, der alles in Händen hält und dem er sich selbst verdankt. Und er weiß, daß Jesus Christus das größte Geschenk für ihn ist.
Die Dankbarkeit gehört deshalb wie selbstverständlich zum Leben des Christen. Er ist eingeladen, wenigstens am Sonntag an der Eucharistiefeier teilzunehmen, die – wie ihr Name sagt – Feier des Dankes ist: Danksagung für Jesus Christus, für alle Wohltaten des Vaters zu unserem Heil, für die Hingabe und das Opfer des Sohnes, das in der Messe gegenwärtig wird.
Die Dankbarkeit ist eine, vielleicht die wichtigste Haltung, mit der wir Gott gegenübertreten sollen. Die Kirche rät uns, auf Maria zu schauen, wenn wir die heilige Messe so mitfeiern wollen, daß sie fruchtbringend für uns ist. Denn Maria ist, so hat Paul VI. in „Marialis Cultus" geschrieben,

> „Vorbild der geistlichen Haltung, in der die Kirche die göttlichen Geheimnisse feiert und lebt" (MC 16).

Diese Vorbildlichkeit Marias wird in vier Aspekten entfaltet: *Hören, Beten, Jungfrau-Mutter, Opfern.*

– *„Maria ist die hörende Jungfrau, die das Wort Gottes im Glauben aufnimmt."* Sie hat das Gehörte „in ihrem Herzen bewegt" und ihr Leben danach ausgerichtet. So sollen auch wir das Wort Gottes, das uns die Kirche verkündet, in gläubiger Haltung aufnehmen und in seinem Lichte unser Leben deuten.

– *„Maria ist die betende Jungfrau."* Beim Besuch bei Elisabet lobt und preist sie Gott im Magnifikat. Bei der Hochzeit zu Kana bittet sie Jesus um Hilfe in irdischer Not. Der letzte biographische Hinweis zeigt sie uns im Gebet zusammen mit den Aposteln. In der Gebetsgemeinschaft der Messe können wir von Maria lernen, den Herrn zu loben, ihn in unseren Nöten anzurufen und für das Heil der Welt einzutreten.

– *„Maria ist auch jetzt noch die Jungfrau-Mutter."* Durch das Wirken des Heiligen Geistes hat sie jungfräulich den Sohn Gottes empfangen. Ihre wunderbare Mutterschaft ist Vorbild und Urbild der Mutterschaft der Kirche, die durch Predigt und Taufe die Kinder hervorbringt, die aus Gott geboren werden. Jedes Glied der Kirche ist aufgerufen, durch das Zeugnis seines Lebens und Glaubens bei diesem Werk mitzuwirken.

– *„Maria ist die opfernde Jungfrau."* Sie hat nicht nur unter dem Kreuz gestanden und sich mit dem Opfer ihres Sohnes verbunden, dem sie liebend zustimmte, sondern sie hat sich ganz der Verwirklichung des göttlichen Heilsplanes geweiht. Maria wird so zum Vorbild, aus unserem Leben einen Gottesdienst zu machen und uns mit dem Opfer Christi zu vereinen in der Hingabe an Gott und im Dienst an den Menschen.

Eine Liebesvereinigung

Die heilige Messe ist Vergegenwärtigung des Kreuzesopfers Christi, von dem das Heil zu den Menschen kommt, aber sie ist zugleich auch Liebesmahl, in dem Jesus sich selbst zur Speise gibt, um die Gläubigen ganz mit sich zu vereinen. Diese Liebesvereinigung ist für Montfort besonders wichtig. Die Einsetzung der Eucharistie ist für ihn die Vollendung der Liebe Jesu:

> „Die ewige Weisheit hat ein wunderbares Geheimnis gefunden, um bis ans Ende der Zeiten mit den Menschen zusammen zu bleiben. Es ist die liebevolle Erfindung der Eucharistie ... Sie verbirgt sich unter der Gestalt eines kleinen Stückchen Brotes, der ureigensten Nahrung der Menschen, und dringt, wenn der Mensch von diesem Brot ißt, bis in sein Herz, um dort ihre Freude zu finden" (LEW 71).

Damit diese Liebesbegegnung mit Christus möglich und der Christ auch fähig wird, das größte Geschenk, Christus selbst, in seinem Herzen aufzunehmen, verlangt Montfort eine tiefe Demut, Absage an jede Selbstsucht, ein erneuertes Wissen um die Zugehörigkeit zu Christus und schließlich die Bitte an Maria um die Gabe ihres Herzens:

> „Bitte diese gute Mutter, dir ihr eigenes Herz zu leihen, damit du Jesus mit ihren eigenen Haltungen empfangen kannst" (WMV 266).

Ein Zugang zum Verständnis dieser Ausdrucksweise Montforts läßt sich finden, wenn wir daran denken, daß das Herz nicht nur Symbol der Liebe ist, sondern für das innerste Wesen des Menschen steht, für sein Selbst. Gott prüft die Herzen der Menschen, denn hier haben die Grundhaltungen ihren Ursprung, hier reifen die Grundentscheidungen, die unser Leben letztlich bestimmen. Wenn wir im Herzen ein Symbol für das innerste Wesen des Menschen sehen, begreifen wir, daß es Montfort nicht um eine sentimentale Vorstellung zu tun ist, sondern um Marias innerstes Wesen. Ihr Glaube, ihre Demut, ihre Armut vor Gott, ihre Hingabe, ihre Opferbereitschaft: all das bezeichnet für Montfort die „ideale" Haltung, die notwendig ist, will man die heilige Kommunion würdig empfangen. Das Konzil vertritt die gleiche Sicht, wenn es sagt:

> „Daher richten die Gläubigen ihre Augen auf Maria, die der ganzen Gemeinschaft der Glaubenden als Urbild der Tugenden voranleuchtet" (LG 65).

Die innerliche Ausrichtung am Herzen Marias ist für Montfort aber auch deshalb wichtig, weil er mit der Sensibilität eines Heiligen die eigene Unwürdigkeit beim Empfang der heiligen Kommunion um so stärker empfindet. Dabei hält er sich nicht bei Äußerlichkeiten auf, sondern erläutert die Unwürdigkeit im Zusammenhang mit dem Gebet „Herr, ich bin nicht würdig...", das unmittelbar vor der Kommunion gesprochen wird. Wir sind nicht würdig, den Sohn Gottes zu empfangen, weil wir vor dem Vater die „Last unserer bösen Gedanken" und unsere Undankbarkeit gegenüber seiner Güte empfinden, weil wir spüren, wie weit wir von ihm entfernt sind und weil wir seinen Bund so oft zurückgewiesen haben. Wir sind nicht würdig, weil wir in der Nachfolge Christi lau und inkonsequent gewesen sind. Und wir sind nicht würdig, weil wir uns den Eingebungen des Heiligen Geistes widersetzen und uns nicht genug vom Feuer der Liebe, das er in uns entzündet, durchglühen lassen.

Zugleich weiß Montfort auch darum, daß wir aus eigener Kraft diese Unwürdigkeit nicht überwinden können. Er warnt vor dem Hochmut, wir könnten uns durch eigene Leistung würdig machen, und rät deshalb, den Blick auf Maria zu lenken. Sie kann uns die rechte Herzenshaltung lehren, die wir brauchen, um den Gott-Menschen so in uns aufzunehmen, daß er uns mit sich vereinen und in

uns das Werk seiner Liebe tun kann. Andernfalls könnten wir den Pharisäern gleichen, die Jesus zwar begegnet sind, aber nicht dazu fähig waren, ihn mit dem Herzen aufzunehmen.
Die Bitte Montforts, Maria möge uns ihr Herz leihen, ist sicher auch Echo seiner besonderen mystischen Erfahrung mit Maria. Auch wenn wir diese Erfahrung nicht teilen, so bleibt gültig, daß die Inspiration an der Glaubens- und Lebenshaltung Marias eine ideale Vorbereitung auf den Empfang der Kommunion darstellt.

Das Geheimnis der Eucharistie

Weil die ewige Weisheit den Menschen noch näher sein und ihnen ihre Liebe noch fühlbarer zeigen wollte, ist sie sogar Mensch geworden, ein Kind, ganz arm, und schließlich für sie am Kreuz gestorben.
Wie oft hat sie nicht während ihres Erdenlebens gerufen: „Kommt alle zu mir! Ich bin es doch, fürchtet euch nicht! Warum habt ihr Furcht? Ich bin euch ähnlich, ich liebe euch! Fürchtet ihr euch vielleicht, weil ihr Sünder seid? Gerade die Sünder suche ich. Ich bin der Freund der Sünder! Oder weil ihr euch in eurer Schuld verirrt habt? Ich bin der gute Hirt! Oder weil ihr mit Sünden beladen, mit Schmutz bedeckt, von Traurigkeit niedergedrückt seid? Gerade deshalb müßt ihr zu mir kommen! Ich werde euch die Lasten abnehmen, euch reinigen und trösten."
Sie wollte ihre Liebe zum Menschen dadurch beweisen, daß sie an seiner Stelle starb, und konnte sich doch nicht entschließen, ihn zu verlassen. So hat sie ein wunderbares Geheimnis gefunden, um zu sterben und doch zu leben und bis ans Ende der Zeiten mit den Menschen zusammen zu bleiben. Es ist die liebevolle Erfindung der Eucharistie. Um in diesem Geheimnis ihre Liebe zu vollenden, hat sie sich nicht gescheut, die ganze Natur zu ändern und umzustürzen.

Sie verbirgt sich nicht unter dem Glanz eines Diamanten oder eines anderen Edelsteines, weil sie nicht nur äußerlich bei den Menschen bleiben will. Sie verbirgt sich unter der Gestalt eines kleinen Stückchen Brotes, der ureigensten Nahrung des Menschen, und dringt, wenn der Mensch von diesem Brot ißt, bis in sein Herz, um dort ihre Wonne zu finden (LEW 70–71).

Der süße und anspruchsvolle Weg Marias

Jeder Mensch trägt die Sehnsucht nach Glück in seinem Herzen. Auch wenn wir die Ahnung haben, daß wir zum Glück geboren sind, wir wissen doch, daß wir dem Leid nicht ausweichen können. Schon in der Antike sagte man, Gott habe den Menschen aus Schlamm und Tränen geformt. Früher oder später klopft das Leid an jede Tür.
Das ist für den Christen nicht anders. Er weiß zudem, daß der Glaubensweg mit Christus ohne das Kreuz nicht denkbar ist. Mag das persönliche Kreuz auch viele Gestalten annehmen, so hat Christus selbst vor allem auf zwei Kreuze hingewiesen. Das eigentliche und persönlichste Kreuz ist der tägliche Kampf, den jeder Christusnachfolger gegen seine Selbstsucht, seine bösen Neigungen, seine Lieblosigkeit zu führen hat: „Wer mein Jünger sein will, der verleugne sich selbst, nehme täglich sein Kreuz auf sich und folge mir nach" (Lk 9, 23). Das zweite Kreuz dessen, der Jesus nachfolgt, besteht darin, daß er unweigerlich auf Unverständnis und Verfolgung durch die Welt trifft (vgl. Joh 15, 18–20). Fragt man, warum das so ist, dann liegt die Antwort in der Tatsache, daß Gottes Gedanken nicht die Gedanken der Menschen sind und beide oft in Widerspruch zueinander geraten (vgl. Mk 8, 33). Wir Menschen wollen lieber oben sein, wollen etwas zu sagen haben, etwas darstellen, etwas haben und daran festhalten. Demgegenüber entscheidet sich Jesus für den unteren Weg, für das Dienen und Teilen. Er ist lieber der Unterlegene, als daß er die Wahrheit verschweigen oder zur Gewalt greifen würde. Dieser Gegensatz ist verhängnisvoll, und das Kreuz, das heißt das Leid, das mit dem Christsein verbunden ist, ist das unvermeidliche Erbe des Jüngers Christi.

Die Erfahrung des Kreuzes

Montfort weiß darum aus seiner eigenen Erfahrung. Seine Briefe belegen, wieviel Leid er in seinem Leben ertragen mußte. Unverstanden von seinen Superioren, verlassen von seinen Freunden, vertrieben aus mehreren Bistümern, vergleicht er sich mit einem Ball, der erbarmungslos von einer Ecke in die andere getreten wird (Brief 26, 1713).
Aber Montfort hat nie seinen Glauben daran verloren, daß derjenige, der für Christus leidet, auch die Wahrheit der Verheißung erfahren wird: „Selig, die um der Gerechtigkeit willen verfolgt werden..." (Mt 5, 10; Lk 6, 22). Und seine tiefe Verbundenheit mit Christus und mit Maria läßt ihn trotz allem schreiben:

> „Dennoch, liebe Schwester, preise Gott für mich wegen all dem, denn ich bin zufrieden und glücklich in meinem Leiden, und ich glaube nicht, daß es auf der Welt etwas Süßeres für mich gibt als das bitterste Kreuz, wenn es nur in das Blut des gekreuzigten Christus und die mütterliche Süße seiner göttlichen Mutter eingetaucht ist" (Brief 26).

Wenn Montfort vom „süßen Weg" Marias spricht, ist das keine billige Floskel, sondern eine in Kreuz und Leid erprobte Erfahrung. Die Abschnitte 152–154 der *Abhandlung über die wahre Marienverehrung* tragen deutlich autobiographische Züge. Sie zeichnen ein lebendiges Portrait Montforts in den schwierigen Erfahrungen seines Lebens, in denen er Kraft und Mut in Maria gefunden hat.

Maria und das sanfte Joch

Wenn Montfort sagt, daß die Weihe an Maria „ein leichter Weg ist..., die Vereinigung mit Jesus Christus zu erreichen, in der die Vollkommenheit des Christen besteht"

(WMV 152), dann will er damit keineswegs ein lasches Christentum ohne Kreuze versprechen. Er ist wie Paulus der Überzeugung, daß „alle, die in der Gemeinschaft mit Christus ein frommes Leben führen wollen, verfolgt werden" (2 Tim 3, 12). In seinem *Brief an die Freunde des Kreuzes* erläutert er ausführlich das Jesus-Wort, das von Selbstverleugnung und vom Kreuztragen spricht (Mt 16, 24; Lk 9, 23).

Vor allem diejenigen, die sich um eine starke und bleibende Gotteserfahrung bemühen, können „dunkle Nächte" und „Trostlosigkeiten der Seele" nicht vermeiden. Nach der Lehre des heiligen Johannes vom Kreuz ist die Reinigung des ganzen Menschen (seiner Sinne, der Erinnerung, des Verstandes und des Willens) erforderlich, wenn man die Vereinigung mit Gott erreichen und sich von seiner Liebe erfüllen lassen will. Diese Lehre überträgt Montfort auf die Weihe an Maria. Auch wer sich Maria weiht, „muß durch innere Dunkelheiten oder durch Wüsten hindurch, wohin nicht der kleinste Tropfen himmlischen Taus fällt" (WMV 153). Montfort meint sogar, daß er mehr als andere dem Kreuz begegnet.

Trotzdem hält er an seinem zentralen Gedanken fest: „Auf dem Weg Marias geht man leichter und ruhiger" (WMV 152) und gibt dafür zwei Gründe an.

1. An erster Stelle erklärt Montfort, daß Maria an der Seite des Christen ist, der sich ihr anvertraut. Voll mütterlicher Güte „ist Maria ihren treuen Dienern nahe, ihre Dunkelheiten zu erhellen, sie in Zweifeln zu erleuchten, in ihren Ängsten zu ermutigen, in ihren Kämpfen und Schwierigkeiten zu stützen" (WMV 152). Maria ist eine Mutter, die ihren Kindern bittere, aber heilsame Medizin verabreicht, weil sie weiß, daß die Liebe das Opfer leichter macht. Montfort gibt Maria den Namen „Versüßerin der Kreuze" (WMV 154).

2. An zweiter Stelle beruft sich Montfort auf den Heiligen Geist, denn er ist der eigentliche Urheber dessen, was Ma-

ria in ihren Kindern vollbringen kann. Der Heilige Geist hat nicht nur einigen Heiligen den „leichten Weg" Marias gezeigt (WMV 152), sondern erfüllt seine treue Braut so mit seiner Gnade und seiner Liebe, daß sie die Leiden der ihr Anvertrauten lindern kann (WMV 154).

Durch sein Bild von den kandierten Nüssen will Montfort verdeutlichen, daß Maria für den Christen die Gnade erlangt, daß er die schwierigen Augenblicke und Umstände seines Lebens in Liebe anzunehmen vermag. Sie ist dazu fähig, weil sie „voll der Gnade ist und erfüllt vom Heiligen Geist" (WMV 154). Denn es ist der Heilige Geist, der uns aus Liebe handeln läßt und uns das Joch Christi (Mt 11, 30) leicht macht, bis wir erfahren, daß die „Gebote Gottes nicht schwer sind" (1 Joh 5, 3).

Maria und unsere Kreuze

Aber wie erklärt sich dann, mag manch wahrer Marienverehrer fragen, daß die treuen Diener dieser guten Mutter so viel leiden müssen, mehr als andere, die sie nicht so verehren? Ihnen wird widersprochen, sie werden verfolgt und verleumdet, man kann sie nicht leiden. Oder sie gehen durch innere Dunkelheiten und Wüsten, wo nicht der kleinste Tropfen himmlischen Taus fällt. Wenn diese Form der Marienverehrung wirklich den Weg zu Christus leichter macht, wieso tragen gerade sie die schwersten Kreuze?

Darauf antworte ich: Ja, es ist wahr, daß die treuen Diener Marias als ihre bevorzugten Kinder von ihr die ansehnlichsten Gnaden und Gunstbeweise vom Himmel empfangen, und das sind gerade die Kreuze. Es ist aber ebenso wahr, daß gerade diese Diener Marias ihre Kreuze mit größerer Leichtigkeit, mit mehr Verdienst und Ehre tragen; daß sie niemals vor irgend etwas haltmachen, was andere tausendmal aufgehalten und zu Fall gebracht hätte, sondern stetig voranschreiten. Denn diese gute Mutter, die voll der Gnade und erfüllt vom Heiligen Geist ist, kandiert all diese Kreuze, die sie ihnen zumißt, mit dem Zucker ihrer mütterlichen Süße und der Salbung der reinen Liebe, so daß sie sie freudig schlucken wie kandierte Nüsse, obwohl sie in Wirklichkeit ganz bitter sind. Ich bin davon überzeugt, daß niemand, der fromm sein und in Christus leben und folglich Verfolgung leiden und jeden Tag sein Kreuz tragen will, dazu imstande ist, große Kreuze zu tragen – wenigstens nicht mit Freude und bis ans Ende –, ohne eine innige Marienverehrung, denn Maria ist die Versüßerin der Kreuze. Genauso wenig kann jemand, ohne sich Gewalt anzutun, grüne Nüsse essen, die nicht mit Zucker kandiert sind (WMV 153–154).

Mit Maria in Christus bleiben

Der Glaubensweg des Christen verläuft nicht immer geradlinig. Die Welt bietet so vieles, das uns so sehr faszinieren kann, daß wir darüber Gott vergessen. Montfort ist deshalb sehr besorgt darum, daß die Christen in der Gnade und der Freundschaft Gottes verbleiben. Aus der Heiligen Schrift hat er die Überzeugung gewonnen, daß Gott das Heil aller Menschen will und daß deshalb dem Menschen seine Lebenszeit gegeben ist, damit er von „Tugend zu Tugend fortschreite" (WMV 173) und die Fülle des christlichen Lebens erreiche. Aber Gott kann dem Menschen das Heil nicht zukommen lassen, wenn der Mensch sich dagegen sperrt. Der Mensch muß seinen eigenen Teil dazu beitragen. Hier sieht Montfort ein großes Problem: Viele bekehren sich zwar, fallen dann aber wieder in das alte Leben zurück. Die Ursache sieht er zum einen in der Schwäche des Menschen, zum anderen in der typisch menschlichen Selbstgenügsamkeit, einer Haltung also, die meint, der Mensch könne sich sein Heil selbst schaffen.

Und doch erfährt der Mensch täglich neu seine Schwäche und Ohnmacht. Er wird mit seinen Neigungen zum Bösen nicht fertig, er unterliegt immer wieder den Versuchungen und verliert das wirklich Gute nur allzu leicht aus den Augen. Der Christ verspricht, Gott und den Mitmenschen zu lieben, und sieht im nächsten Augenblick doch wieder nur sich selbst.

Im Bewußtsein dieser Schwäche müßte der Christ irgendwann begreifen, daß er sich nicht selbst retten kann. Er müßte sich der Hilfe Gottes öffnen. Aber seltsamerweise – beobachtet Montfort – „verläßt der Mensch, der doch so verdorben, so schwach und unbeständig ist, sich auf sich selbst" (WMV 173). Das führt letztlich zu einer Selbstüberschätzung und Selbstüberheblichkeit des Menschen, der so lebt, als gäbe es Gott nicht, deren verhängnisvolle Folgen die Welt an den Rand des Abgrundes bringen.

Sich in Maria verankern

Deshalb sucht Montfort ein Mittel anzugeben, den Menschen von dieser Selbstgenügsamkeit und von der Anmaßung, er könne sich selbst retten, zu befreien. Weil das Heil als unverdientes Geschenk von Gott kommt, kann sich der Mensch nur dadurch retten, daß er sich für Gott öffnet und sich von ihm erlösen läßt. Dazu aber muß der Mensch zuerst und vor allem anderen seine Selbstgenügsamkeit aufgeben und offen und empfangsbereit, empfänglich werden. Montforts Weihe an Maria will den Christen in einem stetigen Prozeß aus seiner Verschlossenheit für das Heil befreien. Die Weihe ist deshalb kein einmaliger Akt, sondern ein lebenslanger Weg, auf dem die Grundentscheidung zur Hingabe an Christus mehr und mehr das ganze Leben in all seinen Dimensionen bestimmt. Montfort weiß aus seiner missionarischen Erfahrung und aus seiner Menschenkenntnis heraus, mit wievielen Schwierigkeiten und Hindernissen, die nicht immer nur in der Verantwortung des einzelnen liegen, dieser Prozeß zu rechnen hat. Angesichts dessen verweist er den Christen auf Maria. Die bleibende Orientierung an Maria, die Montfort verlangt, soll dabei helfen, daß der Christ ganz allmählich in ihre radikale Empfänglichkeit hineinwächst. Denn Maria ist so gänzlich offen, so empfänglich für Gott gewesen, daß sie nicht nur ihr persönliches Heil empfangen hat, sondern zugleich das Heil der ganzen Welt, das Heil für alle Menschen, Jesus Christus, den Erlöser. Wer sich deshalb Maria anvertraut und sich an ihr orientiert, findet mit ihr und durch sie sein Heil, er findet Jesus Christus.

Aber es geht Montfort auch darum, daß derjenige, der Jesus Christus begegnet ist, seine Liebesbeziehung zu Christus nicht mehr verliert. Deshalb soll er sich in Maria verankern, denn sie ist

> „ein sicherer Anker, der alle festhält und verhindert, daß sie in den stürmischen Wassern dieser Welt, in denen so viele ertrinken, weil sie nicht an diesen Anker gebunden sind, Schiffbruch erleiden" (WMV 175).

Wer betrachtend und betend auf Maria schaut und sie in sein Glaubensleben aufnimmt, wird immer auf Marias vollkommene Verbundenheit mit Jesus Christus verwiesen. Für Montfort ist das herausragende Kennzeichen dieser Verbundenheit die Treue, mit der Maria unter allen Umständen an ihrem Ja-Wort zu Gott und ihrer Hingabe an Jesus Christus festgehalten hat. Durch diese Treue ist Maria nicht nur Vorbild und Ermutigung für den Christen, sie gibt zugleich ihrer Fürbitte für uns besondere Kraft. Und vor allem können wir an ihrer Lebensgeschichte ablesen, daß das Leben mit Gott sich lohnt.

Ein fester Anker

Was in einem gewissen Sinn am meisten an dieser Form der Marienverehrung überzeugt, ist die Erkenntnis, daß sie eine wunderbare Hilfe zur Beständigkeit in der Tugend und in der Treue ist.
Warum denn ist die Bekehrung der meisten Sünder nicht von Dauer? Warum fallen sie so leicht in die Sünde zurück? Wieso verlieren so viele Gute, anstatt von Tugend zu Tugend voranzuschreiten und neue Gnaden zu erwerben, oft auch noch das Wenige, was sie an Tugend und Gnade besitzen?
Dieses Unglück hat seinen Grund, wie schon gesagt, darin, daß der Mensch, der doch so verdorben, so schwach und so

unbeständig ist, auf sich selbst vertraut, auf seine eigenen Kräfte baut und sich für fähig hält, den Schatz seiner Gnaden, Tugenden und Verdienste selbst zu bewahren.
Maria ist treu. Durch ihre Treue zu Gott ersetzt sie, was Eva durch ihre Untreue verloren hat, und erlangt für die, die sich ihr anvertrauen, die Treue zu Gott und die Beständigkeit.
Ein Heiliger vergleicht sie mit einem festen und sicheren Anker, der die ihr Anvertrauten festhält und verhindert, daß sie in den stürmischen Wassern dieser Welt, in denen so viele ertrinken, weil sie sich nicht an diesem Anker festgemacht haben, Schiffbruch erleiden: „Wie an einen festen Anker binden wir unsere Seelen an dich, unsere Hoffnung", sagt Johannes von Damaskus.
Glücklich deshalb die Christen von heute, die sich ganz treu an sie binden wie an einen sicheren Anker. Die stürmischen Wogen dieser Welt werden sie nicht verschlingen und ihnen ihre himmlischen Schätze nicht entreißen.
Glücklich auch die, die sich bei Maria bergen wie in der Arche Noachs. Die Wasser der Sündenflut, die so viele mitreißen, werden ihnen keinen Schaden zufügen. Denn Maria spricht mit der göttlichen Weisheit: „Wer mir dient, wird nicht in Sünde fallen", das heißt: „Wer sein Heil in mir wirkt, wird nicht sündigen."
Glücklich die untreuen Kinder der unglücklichen Eva, die sich an die Mutter und treue Jungfrau klammern, die immer treu bleibt und sich selbst nicht verleugnet: „Wenn wir untreu werden, bleibt sie doch treu, denn sie kann sich selbst nicht verleugnen." Sie liebt die, die sie lieben: „Ich liebe die, die mich lieben", nicht mit sentimentaler, sondern mit wirklicher und wirksamer Liebe, die durch ein Übermaß an Gnade daran hindert, in der Tugend nachzulassen oder auf dem Weg zu stürzen und die Freundschaft ihres Sohnes zu verlieren (WMV 173 und 175).

Zusammen mit Maria auf dem Weg zum dreifaltigen Gott

Wesen und Ziel des christlichen Lebens liegt in der immer vertrauteren und tieferen Gemeinschaft mit dem von Jesus Christus geoffenbarten Gott des Neuen Bundes: mit dem Vater, dem Sohn und dem Heiligen Geist. Christliches Leben ist nicht denkbar ohne die Liebesgemeinschaft mit dem dreifaltigen Gott.

Wer die von Montfort gelehrte Marienverehrung nur oberflächlich betrachtet, könnte zu dem Eindruck kommen, daß die Weihe an Maria den Raum für die Begegnung mit Gott einschränke, weil sie die Gefühle der Hingabe so deutlich auf Maria lenkt. Wenn dem so wäre, stünde Maria im Wettbewerb mit Gott, und der Christ wäre gezwungen, sich zwischen beiden zu entscheiden. Aber gestützt auf seine eigene Erfahrung wie auf die anderer Heiliger, erklärt Montfort diese Annahme für falsch:

> „Die Christen, die im geistlichen Leben fortgeschritten sind, fallen nicht in den Irrtum zu glauben, Maria sei ein Hindernis für die Vereinigung mit Gott. Wie könnte es denn möglich sein, daß diejenige, die für die ganze Menschheit bei Gott Gnade gefunden hat, für den Christen ein Hindernis wäre, die so wichtige Gnade der Vereinigung mit Gott zu finden?" (WMV 164).

Denn, so sagt er,

> „Maria ist ganz und gar auf Gott bezogen" (WMV 225),

so daß

> „es niemals ein Geschöpf gegeben hat, noch geben wird, das uns wirkungsvoller als sie helfen könnte, das große Ziel der christlichen Vollkommenheit zu erreichen" (WMV 165).

Für Montfort ist Maria so transparent für Gott, der am Ursprung ihrer Heiligkeit und ihrer Sendung steht, daß jedes ihr geweihte Lob immer zum Lob Gottes wird:

> „Wenn wir Maria loben, lieben und verehren und uns ihr hingeben, wird Gott gelobt, geliebt und geehrt, und man gibt sich Gott hin in Maria und durch sie" (WMV 225).

Es ist seine eigene Erfahrung, daß die Weihe an Maria zu einer Gottesbegegnung führt, in der Gott als liebender Vater erfahren wird. Sie vertieft zugleich die Verbundenheit mit dem Sohn und schenkt größere Offenheit für das Wirken des Heiligen Geistes in der Seele.

Maria und die Erfahrung des Vaters

In der neutestamentlichen Offenbarung wahrt Gott, der Vater, den Charakter des absoluten Prinzips und des letzten Zieles. Auf ihn geht der Heilsplan zurück, und auf ihn hin zielt das ganze Wirken Christi im Heiligen Geist (1 Kor 8, 6; 15, 28; Eph 1, 3–14; Kol 1, 12–20). Man kann von einem Kreislauf der Liebe sprechen, der im Vater seinen Ausgangspunkt hat und über Christus und die Kirche, seinen mystischen Leib, zum Vater zurückführt. In diesen Kreislauf der Liebe ist Maria eingefügt.

Um zu vermeiden, daß Maria vom Heilsplan des Vaters getrennt wird, hat das II. Vatikanische Konzil sowohl bei der Beschreibung der allgemeinen Sendung Marias als auch bei der Betrachtung der einzelnen Ereignisse ihres Lebens die Beziehung zu Gott Vater deutlich hervorgehoben. Die Aussagen über Maria beginnen fast immer: „Da der gütigste und weiseste Gott die Erlösung der Welt vollenden wollte..." – „Der Vater der Erbarmungen wollte aber..." – „Da es aber Gott gefiel..." (LG 52; 56; 59).

Auch die Mutterschaft Marias – in Beziehung zu Christus wie zu den Menschen – ist Teilhabe an und Ausfluß der transzendenten Vaterschaft Gottes (vgl. Eph 3, 15). Sie ist sogar, so hat Papst Johannes Paul I. es ausgedrückt, eine Offenbarung der „mütterlichen" Fürsorge Gottes, der vom Propheten Jesaja als Vater und Mutter zugleich dargestellt wird (vgl. Jes 49, 15; 66, 13).

In diesem Sinn sagt man heute, daß sich in Maria „die weibliche Dimension" Gottes offenbare: seine Zärtlichkeit, seine Barmherzigkeit, seine tiefe Zuneigung zu den Menschen. In und durch Maria wird erfahrbar, daß Gott nicht nur der Transzendente, der Heilige, der Herr und Richter, der ganz Andere ist, sondern auch der nahe Gott, der den Menschen umsorgt und beschützt und bei dem der Mensch Zuflucht finden kann. Auch Montfort hatte aus seiner religiösen Erziehung und seinem theologischen Studium heraus die Vorstellung von einem Gott, der unendlich erhaben und unendlich weit von den Menschen entfernt ist. Durch die Weihe an Maria hat sich sein Gottesbild gewandelt, und er hat Gott als den Gott der Liebe erfahren, so wie Jesus ihn verkündet hat. Diese Erfahrung vermittelte ihm Maria, in der sich das menschlich nicht mehr verstehbare Übermaß der Liebe Gottes offenbart, der sich selbst hingibt, um die Menschen zu sich zu holen. Die marianische Weihe führt den Menschen in die Freiheit der Kinder Gottes, die in der Liebe ihren Ursprung hat.

> „Diese Form der Marienverehrung gibt denen, die sie treu befolgen, eine große innere Freiheit: die Freiheit der Kinder Gottes ... Maria öffnet und weitet dein Herz, damit du in der Freiheit der Kinder Gottes die Gebote ihres Sohnes treu befolgen kannst. Du läßt dich nicht mehr von Furcht, sondern von Liebe leiten, wenn du vor Gott hintrittst. Du betrachtest ihn als deinen guten Vater ... Du sprichst mit ihm vertrauensvoll wie ein Kind mit seinem geliebten Vater" (WMV 169; 215).

Maria und das Leben in Christus

Der Heilsplan des Vaters hat sein Zentrum in Jesus Christus (Eph 1, 18–23). Er allein ist Erlöser, Lehrer, Offenbarer und Mittler (Joh 4, 42; 8, 12; Hebr 8, 6; 1 Tim 2, 5–6). Er ist das eigentliche Urbild christlichen Lebens, ja er ist das Leben der Christen (Röm 8, 29; Kol 3, 12–15; Joh 11, 25; 14, 6; Kol 3, 4).

Die Bedeutung dieser zentralen Stellung Christi im Heilsplan des Vaters für das Leben der Christen wird zum ersten Mal greifbar in der Person Marias. Denn sie ist die erste Christin, die mit ihrem ganzen Leben ohne Abweichung glaubend ja sagt zu Jesus Christus. Eine authentische Beziehung zu Maria respektiert diese bleibende Hinordnung Marias auf Christus und wahrt die Transzendenz Christi:

> „In der Jungfrau Maria ist alles auf Christus bezogen und alles hängt von ihm ab" (MC 25).

Der Marienkult muß sich deshalb organisch einfügen „in den einzigen Kult, der mit Recht christlich genannt werden kann, weil er von Christus seinen Ursprung und seine Wirksamkeit herleitet und durch Christus im Heiligen Geist zum Vater führt" (MC, Einleitung). Daraus folgt, daß sich der Marienkult wesentlich in der Liturgie vollzieht, sei es bei der Begehung der Marienfeste, sei es durch die Inspiration an Maria „als Vorbild der geistlichen Haltung, in der die Kirche die göttlichen Geheimnisse feiert und lebt" (MC 16). Auch im Glaubensleben darf die Hinwendung zu Maria nicht getrennt werden von der Beziehung zu Christus, die immer das eigentliche Merkmal des Christen ist.

Seine persönliche geistliche Erfahrung und seine theologischen Überlegungen haben Montfort zu dem Ergebnis geführt, daß die Weihe an Jesus Christus durch Maria mit der Erneuerung des Taufgelübdes identifiziert werden kann (WMV 120). Die marianische Weihe zielt wesentlich darauf hin, den Christen zu einem echten christlichen Leben zu führen und ihn nach dem Bild Christi umzuformen. Denn „Maria hat keine andere Frucht als Jesus" (WMV 218), und sie ist „die heiligste und vollkommenste Person" (WMV 157) und folglich am ehesten dazu in der Lage, uns zu helfen, mehr „Christus gleichförmig, mit ihm vereint und ihm geweiht zu sein" (WMV 120). Ebenso ist es Montforts persönliche Erfahrung, daß die Weihe ein „leichter, kurzer, vollkommener und sicherer" Weg ist, der zu einer tiefen, bleibenden Gemeinschaft mit Christus führt, dem eigentlichen Kennzeichen des gereiften Christen (WMV 152). Wo der Christ sich in das Fiat Marias einfügt und wie sie ja sagt, damit Christus in ihm leben kann, erreicht die marianische Weihe ihr Ziel.

Maria und das Leben im Heiligen Geist

In der Heiligen Schrift offenbart Gott sich nicht nur als Vater und Sohn, sondern auch als Geist. Der Heilige Geist ist die Liebe Gottes in Person, die den Menschen beseelt und belebt. Paulus schreibt: „Die Liebe Gottes ist ausgegossen in unsere Herzen durch den Heiligen Geist, der uns gegeben ist" (Röm 5, 5). Der Geist Gottes befähigt den Glaubenden, als Kind Gottes zu leben und in Freiheit und Liebe zu handeln (Röm 8, 2–16; 1 Kor 12, 13). Der Glaubende lebt im Geist und läßt sich von ihm führen (Gal 5, 16–18; Röm 8, 4), bis Gott auch „unseren sterblichen Leib lebendig machen wird, durch seinen Geist, der in uns wohnt" (Röm 8, 11).

Das Wirken des Heiligen Geistes im Leben des Christen wird an Maria in besonderer Weise deutlich. Die erste und die letzte Begebenheit, die die Evangelien aus ihrem Leben berichten, die Verkündigung und das Gebet im Kreise der Jünger vor dem Pfingstereignis, sind ganz vom Wirken des

Geistes bestimmt. Dabei fällt auf, daß Lukas beide Ereignisse in gleicher Weise darstellt. Er verwendet die gleichen Begriffe: „Kraft Gottes", „Heiliger Geist", „von oben kommen" (Lk 1, 35 und Apg 1, 8) und schließt an beide Szenen unmittelbar Berichte von missionarischer Ausbreitung (Maria geht zu Elisabet, die Urgemeinde wächst) und charismatischer Kommunikation (Dialog zwischen Maria und Elisabet, erste Predigt der Apostel: Lk 1, 39–41; Apg 1, 8; 4, 31; 8, 4–14) an. Lukas stellt die Verkündigung an Maria dar als das für sie vorweggenommene Pfingsten. Der Heilige Geist gibt Maria ein neues Herz (vgl. Ez 36, 26–27; Jer 31, 31), so daß sie Gott die Glaubensantwort geben kann und Mutter des Erlösers wird.

Die Betrachtung Marias verweist deshalb unmittelbar an den Heiligen Geist. Maria, die vom Heiligen Geist ergriffen und in die jungfräuliche Mutter des Messias verwandelt ist, die erste Glaubende des Neuen Bundes und daher die Mutter aller Glaubenden, ist wie eine Ikone, die den Heiligen Geist offenbart. Sie ist Urbild der „Geist-Kirche", die berufen ist, das Reich Gottes in die Welt zu tragen. Der Glaubensweg mit Maria folgt daher ganz dem Prinzip geistlichen Lebens überhaupt, das immer zuerst Leben im Geist ist. Dieses Prinzip beherrscht auch die Weihe an Jesus Christus durch Maria, wie Montfort klar herausstellt:

> „Man muß alles tun durch Maria, mit Hilfe ihrer Vermittlung, das heißt, man muß in allem ihrem Willen folgen und sich von ihrem Geist – das ist der Heilige Geist Gottes – führen lassen... Denn Maria hat sich niemals von ihrem eigenen Ich leiten lassen, sondern ist immer dem Geist Gottes gefolgt, der ihr so tief innewohnte, daß er ihr eigener Geist wurde" (WMV 258).

Ohne Umweg zieht Montfort die Konsequenz aus dem, was das Evangelium über Maria sagt. Wer sich Maria anvertraut, muß sich vom Heiligen Geist, der der Geist Marias ist, führen lassen, damit in ihm Jesus Christus gebildet werde zur Ehre des Vaters.

Die Freiheit der Kinder Gottes

Diese Form der Marienverehrung gibt denen, die sie treu befolgen, eine große innere Freiheit: die Freiheit der Kinder Gottes. Denn wie man sich durch diese umfassende Weihe zum Knecht Christi macht, so möchte unser guter Herr uns für diese Unterwerfung aus Liebe, für die wir uns entschieden haben, belohnen:
1. Er nimmt der Seele jeden Skrupel und jede knechtische Furcht, die sie ängstigen, lähmen und verwirren könnten.
2. Durch ein heiliges Vertrauen in Gott macht er das Herz weit und läßt es Gott als einen guten Vater erfahren.
3. Er flößt eine innige und kindliche Liebe ein.
Maria, die Mutter der reinen Liebe, nimmt aus deinem Herzen jeden Skrupel und alle knechtische Furcht. Sie öffnet und weitet dein Herz, damit du in der heiligen Freiheit der Kinder Gottes auf dem Weg der Gebote ihres Sohnes bleiben kannst und damit sie in dir die reine Liebe entzünde, deren Schatz sie besitzt.
Dann wird dein Verhalten gegenüber dem Gott der Liebe nicht mehr von Furcht, sondern von der reinen Liebe bestimmt sein. Du betrachtest ihn als deinen guten Vater, dem du immer zu gefallen suchst und mit dem du in kindlichem Vertrauen sprichst. Wenn du das Unglück hast, ihn zu beleidigen, wirst du dich sogleich vor ihm erniedrigen, ihn in aller Demut um Vergebung bitten und ihm ganz einfach deine Hand hinstrecken. Dann erhebst du dich voller Vertrauen, ohne Verwirrung und Unruhe, und gehst weiter auf deinem Weg zu ihm, ohne auch nur im geringsten der Mutlosigkeit nachzugeben (WMV 169 und 215).

Ich schenke dir mein Herz

„Was sollen wir also tun, um unser Herz der ewigen Weisheit würdig zu machen? Hier ein guter Rat und ein wunderbares Geheimnis: Lassen wir – um es so auszudrücken – Maria ein in unser Haus, indem wir uns ihr ohne jeden Vorbehalt weihen ... Geben wir ihr das Liebste, was wir besitzen, und behalten wir nichts für uns. Dann wird sich auch diese gute Herrin, die sich niemals an Großherzigkeit übertreffen läßt, uns auf unbegreifliche, aber wirkliche Weise schenken. Und die ewige Weisheit wird kommen und in ihr Wohnung nehmen wie auf ihrem herrlichen Thron" (LEW 211).

Es wäre zu einfach, wollten wir diese Worte Montforts als Ausdruck einer Radikalität verstehen, zu der nur Heilige fähig und berufen sind. Richtig ist, daß Montfort sich nicht mit Äußerlichkeiten zufrieden gibt. Er verlangt, daß wir „das Liebste, was wir besitzen", geben sollen. Da mag uns vieles in den Sinn kommen, was uns lieb ist, aber das Liebste meint hier wohl unser eigenes Selbst, unser Herz. Dabei sollten wir noch einmal an das biblische Verständnis vom Herz des Menschen denken. In der Heiligen Schrift ist das Herz der Kern der menschlichen Persönlichkeit, wo die Wahl zwischen Gut und Böse getroffen wird und die moralische und religiöse Haltung des Menschen ihre Wurzeln hat. Deshalb kann letztlich auch nur Gott den Menschen beurteilen, weil nur er das menschliche Herz kennt.

In dieser Tiefenschicht der Person ereignet sich auch die Begegnung zwischen Mensch und Gott. Das Herz ist der Ort des Gebetes und der vertrauten Begegnung mit dem

Herrn. Wenn Gott deshalb den Menschen Anteil an seiner eigenen Heiligkeit geben will, um ihn zu heiligen, wendet er sich an das Herz des Menschen, um es zu erneuern und zu verwandeln. So verheißt er es durch die Propheten Ezechiel und Jeremia:

„Ich schenke euch ein neues Herz und lege einen neuen Geist in euch. Ich nehme das Herz von Stein aus eurer Brust und gebe euch ein Herz von Fleisch. Ich lege meinen Geist in euch und bewirke, daß ihr meinen Gesetzen folgt und auf meine Gebote achtet und sie erfüllt" (Ez 36, 26–27).
„Ich lege mein Gesetz in sie hinein und schreibe es auf ihr Herz. Ich werde ihr Gott sein, und sie werden mein Volk sein" (Jer 31, 33).

Von Maria können wir sagen, daß sich die Verheißung Ezechiels und Jeremias in ihr zum ersten Mal vollkommen erfüllt. Maria ist in ihrer Person das letzte Glied des alten Volkes, dessen Herz der Stimme Gottes verschlossen war, und zugleich die erste des neuen Volkes, dessen Herz am Bund mit Gott festhält. Nicht zufällig kommt der Heilige Geist auf Maria herab: Er ist es, der sie dazu fähig macht, den Sohn Gottes jungfräulich zur Welt zu bringen. Und zugleich verwandelt er ihr Herz, so daß sie eine Tat grenzenloser Liebe vollbringen kann. Sie lebt nicht nur im Gehorsam gegen Gott, sondern liefert sich ihm und seinem Wort gänzlich aus und setzt ihr Leben aufs Spiel: „Siehe, ich bin die Magd des Herrn, mir geschehe nach deinem Wort" (Lk 1, 38). Dieses Wort beinhaltet die Hingabe ihres Herzens, ihres ganzen Seins, eine allumfassende Weihe an Gott. Maria ist die erste Christin, die erste Geweihte, die der Kirche auf dem Weg des Ja aus Liebe zu Gott und den Mitmenschen vorangegangen ist.
Zweimal erwähnt Lukas ausdrücklich, daß Maria alles, was geschehen war, in ihrem Herzen bewahrte und darüber nachdachte (Lk 2, 19.51). Maria lebt also nicht an der

Oberfläche, sondern nimmt die Geschehnisse, insbesondere alles, was Jesus betrifft, in ihre Tiefe auf, in ihr Herz. Aus der Tiefe ihres Herzens vermag sie darum Entscheidungen zu treffen, die ganz dem Willen Gottes entsprechen und mit seinem Heilsplan übereinstimmen.

Wenn Montfort uns dazu auffordert, Maria alles zu überlassen und ihr vor allem unser Herz anzuvertrauen, dann tut er es, weil er weiß, daß die Begegnung von Herz zu Herz mit Maria, die Begegnung mit ihrem erneuerten, vom Geist verwandelten Herzen nicht vergeblich ist, sondern das eigene Herz ergreift, es auf einen neuen Weg führt, zu einem neuen Denken und Handeln, wo menschliches Herz und göttlicher Wille in Einklang sind: *auf einer Wellenlänge mit Maria.*

Das Weihegebet

des heiligen Ludwig-Maria von Montfort

Zu Jesus Christus

Herr Jesus Christus, ewige, menschgewordene Weisheit, wahrer Gott und wahrer Mensch, ich bete dich an in deiner ewigen Herrlichkeit beim Vater und in deiner Menschwerdung im Schoß der Jungfrau Maria.

Ich danke dir, daß du in die Welt gekommen bist, als Mensch unter Menschen, und Knechtsgestalt angenommen hast, mich aus der Knechtschaft der Sünde zu befreien.

Ich preise dich voll Dankbarkeit, weil du in liebendem Gehorsam Maria untertan warst, um mich zu deinem treuen Jünger zu machen.

Aber ich bin undankbar und untreu gewesen und habe mein Wort gebrochen, das ich in der Taufe gegeben habe. Ich bin nicht wert, Kind Gottes zu heißen.

Darum nehme ich meine Zuflucht zu Maria, deiner Mutter, und vertraue mich ihrer Fürsprache und Barmherzigkeit an. Mit ihrer Hilfe erhoffe ich die Vergebung meiner Sünden und bleibende Gemeinschaft mit dir, der menschgewordenen Weisheit.

Zu Maria

Sei gegrüßt, Maria, lebendiger Tabernakel Gottes! In dir hat die ewige Weisheit gewohnt, damit Engel und Menschen sie anbeten.
Sei gegrüßt, Königin des Himmels und der Erde. Dir sind alle Geschöpfe untertan. Sei gegrüßt, du sichere Zuflucht der Sünder, jeder, der sich an dich wendet, erfährt deine Barmherzigkeit.
Erfülle meine Sehnsucht nach der göttlichen Weisheit, und nimm an, was ich dir weihe.

Weihe

Maria, im Bewußtsein meiner christlichen Berufung erneuere ich heute in deine Hände mein Taufgelübde.
Ich widersage für immer dem Teufel, seiner Pracht und all seinen Werken. Ich weihe mich Jesus Christus, um mit ihm mein Kreuz zu tragen alle Tage meines Lebens in Treue zum Willen des Vaters.
In Gegenwart der ganzen Kirche erkenne ich dich an als meine Mutter und Königin. Dir übergebe und weihe ich meine Person, mein Leben, meinen Besitz und den Wert der guten Werke meines Lebens.
Verfüge über mich und meinen Besitz zur größeren Ehre Gottes für Zeit und Ewigkeit.

Bittgebet

Maria, nimm an meine Hingabe und bring sie vor deinen Sohn, der mich mit deiner Mitwirkung erlöst hat. Aus deinen Händen nehme er meine Ganzhingabe entgegen.

Hilf mir, meine Weihe zu leben im liebenden Gehorsam deines Sohnes als Antwort auf die große Sendung, die Gott dir anvertraut hat.

Mutter der Barmherzigkeit, erbitte für mich die wahre Weisheit Gottes und mach mich offen für dein mütterliches Wirken.

Du treue Jungfrau, verwandle mich in einen wahren Jünger deines Sohnes, der menschgewordenen Weisheit.

Du meine Mutter und mein Vorbild, mit dir werde ich das Vollalter Christi auf Erden und die Herrlichkeit des Himmels erreichen. Amen.

(Frei übertragen aus: Die Liebe zur ewigen Weisheit, 223–227)

*Maria in der Botschaft der Bibel
und im Glauben der Kirche*

Leben mit der Mutter des Herrn

Mein Glaubensbuch über Maria

Erarbeitet von Andreas Baur, Wilhelm Plöger, German Rovira und Richard Schulte Staade. Mit einem Vorwort von Bischof Dr. Karl Braun, Eichstätt.

*144 Seiten. 60 meist farbige Abbildungen. Gebunden.
ISBN 3-7666-9496-0*

Dieses Buch stellt allgemeinverständlich und reich bebildert die Glaubensinhalte über Maria und die vielfältigen Formen einer lebendigen Marienverehrung dar:
– die Aussagen der Bibel über Maria von den Verheißungen des Alten Bundes über die Geburt Jesu bis hin zur Urgemeinde in Jerusalem;
– die Aussagen der kirchlichen Tradition über Maria als Gottesmutter, ohne Erbsünde empfangene Jungfrau und in den Himmel aufgenommene Mutter des Glaubens;
– die schönsten Lieder und Gebete aus dem reichen Schatz der Mariendichtung;
– die berühmtesten Marienwallfahrtsstätten im deutschsprachigen Raum, in Europa und in aller Welt;
– die liturgische und persönliche Verehrung der Mutter Gottes im Leben der Kirche.
Das Buch will ein vertieftes gläubiges Leben nach dem Beispiel der Mutter des Herrn anregen und fördern.

Verlag Butzon & Bercker D-4178 Kevelaer 1

„Die Besuche der Marienwallfahrtsorte waren immer Höhepunkte meiner apostolischen Reisen..."

Papst Johannes Paul II.

Maria – Leitstern meines Weges

Gebete und Gedanken an den Marienwallfahrtsorten in aller Welt

134 Seiten. 23 farbige Abbildungen. Gebunden.
ISBN 3-7666-9546-0

Die Pastoralreisen Johannes Pauls II. rund um den Erdkreis führten ihn stets auch zu den großen Orten der Marienverehrung. Dieses Buch möchte in Wort und Bild die Begegnung des Papstes mit dem Volk Gottes an 24 berühmten Gnadenstätten vermitteln.

Die Gedanken aus den Ansprachen und Predigten des Papstes enthalten viel Wissenswertes über die Geschichte, Besonderheit und den Geist der jeweiligen Stätte. Die vor den Gnadenbildern gesprochenen Gebete bezeugen beispielhaft, daß der Papst vor allem ein Mann des tiefen Gebetes ist. Er empfiehlt die Anliegen der Menschen, besonders des jeweiligen Volkes und Landes, deren Gast er ist, und die Sorgen der Kirche eindringlich der Fürbitte Mariens. Pilgerschaft zu den Marienheiligtümern ist für ihn „Rast auf dem langen Weg, der zu Jesus Christus führt". Immer wieder ruft er den Gläubigen das Wort Mariens zu: „Was Er euch sagt, das tut!" (Joh 2, 5).

Verlag Butzon & Bercker D-4178 Kevelaer 1